明公啟示錄

范明公解密

①

——從帛書《老子》談人生修行法則

范明公著

【自序】
歷史上最難解讀的經典

《道德經》這部經典，是中華歷史上最難解讀的一部經。因為人類從起源到現在，經歷了非常漫長的歷史階段，而其中有很多階段是我們不瞭解甚至不知道的。朝代更迭，時過境遷，隨著事物的發展變化，現代人已經無法理解《道德經》講的是什麼，也就不知道老子為什麼要寫這一部經。

為何道德經的解讀既困難又容易？

現代人所瞭解的文明，是從有文字記載才開始的。當文字變更或者泯滅，現代人所謂的文明就不存在了。在全世界當中，有文字記載、而且文字一直延續到現在的古文明，只有中華文明。中華的文明史是上下五千年，這就意味著現代人最多只能看到五千年左右的歷史記載。

然而《道德經》出現於大約兩千五百年前，它記載的是人類文明史之前的那些歷史階段發生過的事、傳承下來的哲理、宇宙的真相以及規律。現代人要解讀兩千五百年前的經

典，當然是非常困難的。但是同時，《道德經》又是最容易解讀的，因為大家都不知道它在講什麼，沒有解讀的標準，所以怎麼解讀都是對的，既不能證偽，也不能證實。

現代研究《道德經》的學者，都是以古人的批註和著書為標準。從古至今，絕大多數人都是從字面上來解讀《道德經》，分析每個字的涵義，由此來解釋全篇。但是中華的文字有一個特點，每一個字都是獨立和立體的。幾個字合到一起，看似形成了一句話，但是這句話可不只是表達了一個意思。因為每一個字都是立體的，包含了很多層涵義，所以十個字合在一起，涵義就成了十次方，就能構成一個非常廣博的世界。如果從文字這個角度去解讀，我們沒法說哪個涵義是對的，或者哪個解釋是標準的，這就是中華文字的特點。所以中華的經典是絕對不可以從字面上去解讀的。

經典的每一句話都有無窮的涵義，如果不能從字面上解讀，那應該怎麼解讀呢？從字面上解讀出來的涵義，一定是最淺顯的，一定不代表經典真實的涵義。但是經典真實的涵義，也是不可能精確地解釋出來的，因為它是有深度的，而且這個深度是層層遞進的。同樣的一部經典，每個人的解讀都完全不

同，但也都是經典的涵義。《道德經》又是這一類經典的典型代表作，這就是解讀它既困難又容易的道理所在。

瞭解起源才能掌握道德經的真意

儒學則不同。為什麼稱孔子為至聖先師，廣開教化之門？因為儒學的那些經典就是要落實，就是要傳聖王之道，傳經邦濟世之學。儒學是世間的學問，讓人成為仁者，成為聖王。儒學的目的就是把天道轉化成綱常，再形成社會的倫理道德，讓大家在禮、規、制上去遵行。所以儒學容易解讀，也很容易去奉行，比如教人從孝開始一步步做起，特別適合應用。

但是像《道德經》這樣的經典，就讓人解讀時不知從何下手。大家都是從字面上解讀它，都解讀得含含糊糊。漢字是立體的，幾個字相加就是無限的涵義，廣博深邃，讓人難以窺探其中之奧秘。尤其是現代人用白話文去解讀它，就相當於把一個立體的東西鋪成了平面，甚至是把平面也變成了線。一條線不可能代表一個立體，但是我們沒有辦法，只能這樣解讀。

所以我對《道德經》的解讀，僅僅是我的一家之言，不代表《道德經》就是這個意思。《道德經》裡有太多層的意

思，解讀時難就難在這裡。即使你的思想境界達到了和老子相同的高度也不行，因為老子也不一定明白《道德經》說的是什麼，他的解讀也僅僅是一知半解。

《道德經》是老子寫的，為什麼說連他都不一定懂？問題就在，《道德經》真正的起源是什麼。知道了這個答案，才能夠解讀出《道德經》裡的真相和規律，用它來指導我們現實中的人生和精神上的修行。

第一章

至真至貴，神仙之作

——開宗明義篇

上古先聖留下的大量典籍，

成為璀璨中華文明的沃土。

《道德經》就是其中一部名著！

簡短內容卻傳遞整個宇宙的全息，

就看我們如何解讀如此廣博的意涵。

第一節　上古經典，先聖所授

我們通常認為，老子就是春秋戰國時期，周朝的圖書館的館長老聃。但是歷史上有三個叫「老子」的人，對於寫《道德經》的老子到底是誰，目前還沒有定論。因此不能確定的說它就是圖書館館長老聃寫的，因為全都是傳說。

關於道德經的起源傳說

在傳說中，老子西行，騎青牛過函谷關。關長尹喜看到紫氣東來，知道將有一位高人經過這個關口。他就在關口等著，看到有一位老者騎著青牛，從東邊慢慢走來，一看就知道是這個高人。

尹喜把老子截住一問，就發現他沒有度牒。度牒相當於現代的護照和簽證，老子沒有度牒還要出關，就等於偷渡。尹關長就提了個條件，要老子在一夜之間留下一部書，才能放他出關。老子沒辦法，為了過關只好寫出《道德經》五千言。

老子這一生沒有寫過其他的著作。如果沒有這一個晚上，他留下來這一本書，我們就不會知道歷史上有這麼一個人，也

就不會知道這些大道之理。只有一晚的時間，老子肯定不是經過深思熟慮，一個字一個字推敲出來的。

《道德經》把中華文明整體性地呈現出來，流傳了兩千五百年。歷史上的學者們在字面上解讀《道德經》，把內容總結分成了三個部分：論道、治國和修身。可它講的遠不只是這些。從古至今，沒有幾個人能真正看懂《道德經》，但官方和民間都知道這是神仙之作。

《道德經》章節彼此之間欠缺邏輯

為什麼把《道德經》稱為神仙之作？這就涉及到《道德經》的真正起源，這裡面有太多的道理可言，人們能從中領悟出很多東西。

老子騎青牛出函谷關，留下了這一部膾炙人口的經典——這僅僅是一個現實中的呈現，我們要探尋的是《道德經》真正的來源。

當在閱讀《道德經》，就會發現八十一章（也可以稱為八十一段）彼此之間基本上沒有聯繫，也沒有邏輯。但是人編寫的文章必有邏輯，為什麼這部神仙之作反而沒有邏輯呢？因

為，《道德經》根本就不是老子這個人編出來的。

原始的《道德經》連標點都沒有，這就是春秋戰國時期的經典的特點。所謂的八十一章、道經和德經，都是後人為了在字面上便於解讀才分出來的。《道德經》最初是寫在竹簡上，到了漢朝才抄錄到帛書上。1973年，在馬王堆西漢墓發現帛書的《老子》，和現在流傳的《道德經》（又名《老子》）大體相近，但字詞和結構上有些出入。

春秋戰國時期的書都是竹簡，用韋編連在一起，在上面豎著寫字。最好的韋編都是牛皮牛筋做的。孔子讀《易經》是「韋編三絕」，就是韋編斷了三次。古老的經典都記載在竹簡上，千百年之後一旦韋編斷了，後人就不知道竹簡前後的順序了。最原始的《道德經》，就是在這些竹簡上散亂著。後人根據邏輯把它整理成文字，然後又列出順序，分出了章節，但是這不一定是老子的原意。

《道德經》非常明顯的特點就是沒有邏輯。它不是按照邏輯思維的一條線貫穿下來的，所以讓後人無法掌握字詞和章節的前後順序。老子和孔子是同一個時代的聖人，孔子編著的《詩》、《書》、《禮》、《易》、《春秋》都有很強的邏輯，

為什麼老子的《道德經》就沒有邏輯呢？所以我們要理解《道德經》是怎麼來的，它到底是什麼，這樣才能知道為什麼要學它，應該怎麼學它。

《道德經》和同時代的其他經典，到底有什麼區別呢？其他經典，比如孔子、荀子、墨子等人的經典，都是人為編著的。只有《道德經》才是摘抄的語錄，這就是源頭。《道德經》在本質上就不是老子的著作，老子只是把上古先聖傳下來的語言給抄錄下來，所以沒有完整的邏輯。所以《道德經》的八十一章，章與章之間沒有邏輯，基本上就相當於語錄，而這個語錄是從筆記當中來的。

上古的一些經典，包括《山海經》、《易經》、《黃帝內經》、《道德經》，它們共同的特點就是沒有邏輯，沒有上下文的相續，都是語錄式的。這種語錄式的經典就是彙編。比如說《黃帝內經》，它分為上下兩篇，大約二十萬字。在春秋戰國時期，能用竹簡記錄和彙集二十萬字的經典，那是非常浩大的工程。它絕對不是一個人寫的，但是彙集起來就像是一個人寫出來的。《黃帝內經》對宇宙和人體的規律的認知，大體上都是一個內涵。它裡面有很多篇都是重複的，理基本都一樣，

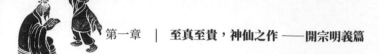

但是反復的講。這就像是一個老師在上面講課，下面有很多同學各自記筆記。老師講了同樣的東西，大家記筆記的內容會有出入，但是整體上並沒有太大的偏差。

《道德經》也是這樣的語錄式的筆記體。為什麼老子能在一夜之間寫出這五千言、八十一段呢？因為那不是他創造出來的。他等於是把筆記拿出來，把語錄摘抄下來就交差了。人們把老子當神，但是老子不是神。三個老子當中，和《道德經》最貼切的身份應該就是圖書館館長老聃。

第二節　述而不作，信而好古

為什麼說《道德經》就是上古先聖留下的文明和知識，由老子彙編而成的語錄呢？首先要知道它是從哪來的，然後才能知道老子為什麼摘錄這八十一段。知道它的目的是什麼，就知道應該從哪入手去學了。

《詩經》是上古聖賢的餽贈

這裡先以《詩經》來做例子，因為詩經是民間采風，最接近生活。如果我們連《詩經》是怎麼來的都無法理解，那就更無法理解《道德經》了。孔子編著的六經都不是他個人創作的，都是彙編體。孔子到十五國采風，在民間收集到一萬多首詩。《詩經》就是他刪減之後留下的精華，包含《風》、《雅》、《頌》，一共三百零五首詩。

這些詩數量龐大，不是在某一個階段或一個時期寫出來的，而是遠在夏商周之前，甚至是黃帝、堯、舜、禹那個階段就開始寫的。在周朝之後，後人創作的唐詩、宋詞、元曲，它們的意境和深度跟《詩經》都完全不能相比。

這些詩是周朝的老百姓創作的嗎？不是。因為在那個時期，老百姓是庶民，不識字，寫不了詩。那時只有貴族能識字，但如果是貴族作的詩，孔子到各國貴族那裡收集就容易了，何必要去民間採集呢？這些詩既不是貴族所作的，又不是庶民能寫的，那麼它們到底是從哪裡來的，又為什麼會散落於民間呢？由此只能得出一個結論，《詩經》裡所有的詩都是上古的先聖留下來的。

中華文明初起即達巔峰

中華的智慧和文明有個特點，它在各個領域都是突然出現了最高的境界。《黃帝內經》不是積累而來的，它是突然出現的，而且一出現就是最完善、最高的境界。現代醫學都還沒有達到它的高度，因此後人只能去學它，可能連皮毛都學不到。《詩經》也是突然出現，一下就達到了詩歌最高的境界。《易經》揭示了萬事萬物和宇宙運行的規律，它也是突然出現，一下就達到了最高的境界。包括兵法，也是這樣。

這是因為，上古的先聖們曾在民間留下了大量的典籍。孔子一再強調「述而不作，信而好古」，這句話的意思說明了他

不敢說是自己創作了經典，但是相信中華民族從上古時代，就有先聖來教化中土眾生，於是把這些教化留下來成為各種典籍而變成真正的經典。

到了春秋戰國時期，中華文明突然百花齊放、百家爭鳴，在哲學、宇宙觀、方法論等各種方面一下子就達到了巔峰，我們稱為「軸心時代 (註)」。這是因為上古先聖留下的典籍，在那時落實形成了文字，所以中華突然出現了大量的經典，就像是一下子出現了很多的聖人。那個時期的聖人都有一個基本的共性，就是「述而不作，信而好古」。不僅是孔子，老子也是一樣，不會自己去發明創造。他寫出來的都是上古先聖留下來的典籍，然後形成語錄。

類似的經典誕生背景

為什麼老子有這些典籍，為什麼孔子能彙集典籍？這和他們兩個人的身份有關。

＊註：軸心時代，1949年由德國哲學家卡爾(Karl Jaspers，1883～1969)提出，認為波斯、印度、中國，和希臘、羅馬世界不約而同在西元前800至200年於宗教、哲學等領域出現驚人發展，這六百年是人類精神與世界觀的大轉折。

老子是周朝的圖書館館長。在周初的時候，政府曾經連續幾百年，收集散落於民間的上古先聖留下來的典籍，彙集到國家來收藏，但還沒有彙編。收藏典籍的地方就是現在所謂的圖書館，老子就是那裡的管理者。借著工作之便，他就能閱讀這些以政府之名收集的民間的典籍，但是他只閱讀而不匯總。

　　孔子是在十五國采風。他五十歲以後周遊列國，不僅是四處講學，同時在一個地方一住可能就是幾年，收集當地民間的典籍。比如這個村子裡可能有幾戶人家有竹簡，另一個村子可能有很多甲骨文，都是祖上留下來的。庶民不認識字，也不知道竹簡和甲骨上面寫的是什麼。孔子就發動他的學生，走到哪裡都要收集這些東西。

　　孔子之所以偉大，就在他把收集到的典籍，經過解讀，分門別類地整理、彙編、刪減，最後形成六經：詩歌彙集成《詩經》；治理國家的方略就叫做《尚書》，意思是從上古傳下的書；修身的也集中在一起，揭示道及宇宙真相、自然規律的，彙集成《易經》；周禮是周以前的，從黃帝、堯、舜、禹一直到夏商周祭祀的儀式儀軌，包括與神溝通的咒語，這些形成了《禮記》；《樂經》已失傳，我們不知道它的內容。

在孔子之前沒有經典，上古留下來的典籍都是散落於民間的片段，那些不可以稱為經（註）。經不是孔子作的，是他彙編刪減，然後彙集成冊，成冊以後才叫做「經」。

而《道德經》的出現，就和孔子彙集六經很相似。

老子做圖書館館長時，雖然沒做過彙編整理典籍的工作，但是這些內容他都掌握了。尹喜不放他出關，讓他在一夜之間留下一部經典。對老子而言，最簡單的做法就是把自己記錄的筆記拿出來，然後摘錄五千字——《道德經》五千言就這麼出來了。

所以《道德經》就是老子的匯總編輯，它的內容很雜：論道的部分，揭示宇宙自然的規律；治國的部分，跟孔子彙集的《尚書》是一類，都是古之聖王比如黃帝、堯、舜、禹留下來的東西；同時還有修身的部分。老子僅僅截取了這三個部分的一點片段。至於他自己到底掌握了什麼，以及周朝的圖書館到底有多少典籍，後人根本就沒法想像。

＊註：經，泛稱一切可當成典範的書籍，如《黃帝內經》即是一例。這裡是指《詩》《書》《易》《禮》《樂》《春秋》等儒家經籍。

先聖傳下這些經典的目的

《道德經》其實並不是老子的原創著作，就像《詩》、《書》、《禮》、《易》也都不是孔子的原創著作。中華文明的上古先聖留下了大量典籍，所以聖人們都堅持這點：「述而不作，信而好古」。

我們從古人的經典當中汲取其精髓，是永遠都汲取不完的。因為任何一部上古傳下來的經，它都是立體的，都代表著整個宇宙，太廣博了。經典是全息的，只看後人怎麼去解讀它。

《道德經》是筆記體的語錄，是片段。所以在解讀它的時候，就不應該把各章按整體性硬去做出一個邏輯，這沒有意義，因為它本身就不是按邏輯來編寫的。如果單從字面化、邏輯化的解讀《道德經》，那永遠都解讀不透，理解不了它說的是什麼。

上古的先聖們為什麼要給後人留下這麼多經典，這些經典告訴我們什麼，這就是所有經典的源起。先聖們傳下來的，其實都是宇宙自然的規律。他們希望後人知道這些規律，然後去

掌握和運用它們。

聖人要把他掌握的宇宙自然的規律，教給後人，他這麼做的意義是什麼？如果只想做一個好人，就按正常的方式去生活就可以了，根本不需要學習這套規律。他教我們的意義，一定是想讓後世之人變得像他。因為他比我們的境界更高，格局更大，看得更遠。對於宇宙自然的規律，他掌握得比一般人更深更透。聖人要教人們認知這些規律，是想讓人站在他的高度去看世界、看宇宙，這對一般人來說就是進化和昇華，這才是教化。聖人教化世人，唯一的目的就是想讓人的精神昇華圓滿。

孔子把先聖教給後人的這些道理都給落實執行了，他讓我們先做個真正像樣的人，一步步昇華成聖。而老子留下了《道德經》，是因為他要把上古先聖所教的方法直接告訴我們。所以，只有脫離了世俗趣味、不沉迷於現實和物欲、渴望昇華和圓滿的人，才適合學習《道德經》。

第二章

玄之又玄，眾妙之門

——《道德經》第一章

道可道，非恒道。名可名，非恒名。

大家都聽過《道德經》開篇第一句，

卻不明白這句與這篇指涉意涵之深且廣。

從宇宙緣起、能量與原子之間的轉換……

到修行入門的正確起點，

全濃縮在不滿百字的這一篇。

第一節　道可道也，非恒道也

《道德經》第一章

【道可道也，非恒道也。名可名也，非恒名也。無名，萬物之始也；有名，萬物之母也。故恒無欲也，以觀其妙；恒有欲也，以觀其所徼。此兩者，同出而異名，同謂之玄，玄之又玄，眾妙之門。】

道德經之所以版本眾多的主因

《道德經》在歷史上流傳著不同的版本，最基本的版本叫流行本，就是現在市面上的《道德經》，另一個版本是帛書《道德經》（也叫帛書《老子》）。流行本是自春秋戰國起一直流行到現在。帛書《老子》是1973年在馬王堆漢墓出土的。在馬王堆漢墓裡面有著大量重要的經典，不僅有帛書的《老子》，甚至還有帛書的《易經》。這些經典是西漢時期的，離春秋戰國時期很近，兩千年來埋在地下沒被動過，基本上能保持經典原始的面貌。

　　那麼流行本的《道德經》有什麼問題呢？經典是上古傳下來的，不管後人能不能理解，都是一個字也不能改的。但是古代印刷術並不發達，以手抄為主。手抄的弊端就是會有紕漏和錯字，甚至有人會把自己的觀點和想法加進去更改內容，這一點就很可怕。所以歷史上流傳下來的經典很多都是被後人改過的，流行本《道德經》也是如此。

　　馬王堆出土的西漢經典，其重要性就在這裡，它讓我們可以對照帛書本的《老子》和流行本的《道德經》，一對照就會發現很多的不同之處。在文言文裡，一個語氣詞加或者不加，可能就會讓一句話的整體意思完全改變。帛書本《道德經》，其實更接近於老子的原文。帛書本是德經在前、道經在後，而流行本是道經在前、德經在後。所以我解讀帛書本《道德經》，但在順序上按照流行本的習慣，從道經開始講解。

　　古代經典的先後順序，哪篇在前、哪篇在後，其實都是後人定的。後人根據自己當下的方便，給經典分了章節和標點。中文裡標點的位置不同，句子的涵義就完全不同。這是解讀中華經典的難處所在，但同時也證明了經典是整體的、立體的，每個人解讀的深度和角度都可以不同。

這就是中華文明的可取之處，仁者見仁，智者見智。任何一部經典都是這樣，我們能從中學到博大精深的知識，能領略各路不同的解讀。這些解讀沒有標準，也不必論對錯，重點是你能否從中受益。

無法描述就是道的特質

【道可道也，非恒道也。】帛書本《道德經》的第一句是：「道可道也，非恒道也。」而流行本的第一句是：「道可道，非常道，名可名，非常名。」這兩個版本的第一句就不同。

「常」可以代表平常。而「恒」字的意思是恆常、永久，永久就是無始無終。「道可道也，非恒道也」，這裡的第一個「道」和第二個「道」的涵義是不同的。第一個「道」是指真正的大道。第二個「道」是表達。「可道」的意思是能說出來，能發現，能觀察到。

「道可道也」的意思是，如果這個大道是能夠被言傳的，能夠被描述的，能夠被觀察的。「非恒道也」的意思是，那它就不是永恆的大道。這句話明確地告訴後人，真正的大道

是不可言說的，是我們無從觀察的，是無法掌握其蹤跡的。

　　道到底是什麼？這就涉及到宇宙觀的問題，也就是宇宙的起源。

　　現在的量子物理學，說任何物體都有兩面性，一面是波，另一面是粒子。所有的有形之物都是粒子，但是粒子的背後就是波。所有的有形之物，它的存在都有一個前提，就是觀察者，也叫做「第一意識」。觀察者如果不存在了，那麼現實中所有的有形之物，都會立刻化為烏有，變成波的狀態。而宇宙最初就是波的狀態，在波的狀態裡面沒有任何形體，波無處不在，沒有空間的概念。過去、現在、未來皆在一點，也沒有時間的概念。這個狀態就是既沒有空間也沒有時間，它只是一個存在。

　　那宇宙中的萬事萬物是怎麼出現的呢？量子物理學告訴我們，只要出現了觀察者，波函數立刻崩塌，萬物馬上就出現了。波函數崩塌直接形成了粒子結構，粒子不同的排列組合就形成了萬事萬物。所以，萬事萬物不是一點點生出來的，也不是宇宙裡一點點進化來的，而是在觀察者出現以後瞬間即呈現，這就是量子物理學所驗證的宇宙的特性。

波的狀態有無數種的可能，因為量子在波狀態的時候無處不在，而且沒有固定的位置。不確定性也是量子物理學的一個特點。當沒有人觀察量子的時候，它就是不確定的，這一個粒子可能同時存在於各處。但只要一觀察它，它馬上就固定在一個明確的位置，這就形成了有形之物。

道家講宇宙最初的狀態就是無極的狀態，也就是混沌的狀態，特別寂靜。然後靜極生動，一陽初動，一下就打破了這種無極的狀態。一陽初動太極生，叫做「無極生太極」。太極出現了以後，一下就分化成了兩儀，叫做「太極生兩儀」。兩儀即是陰陽，兩儀生四象，四象生八卦，八卦定吉凶，然後一步步地演化出宇宙的萬事萬物。這個概念和量子物理學一樣，無極就是波的狀態，一陽就是觀察者。一陽這個觀察者一出現，太極一生分兩儀，兩儀即陰陽，一生二，二生三，三生萬物，這和現代的量子物理學完全能對應上。

前面一直都在講「道可道也，非恒道也。」這句話，這表示了「道」就是源起。為什麼叫道家、道學？因為一切都是從「道」來的。這個「道」就是所謂的無極的狀態，就是波的狀態。我們都是從這來的，是從這演化的，而最後的歸結處也

是這裡，這就是最高的境界。

「道可道也，非恒道也。」所謂的道就是最本質、最原始、包含一切的起源。以現在的科技水準，以及人腦對宇宙的認知，人類其實還無法釐清人和宇宙的起源這麼深的問題。人類的大腦只開發了不到5％，而大腦又是科技的基礎。大腦開發的程度就限定了科技能達到的高度。人類的科技不可能無限地向上發展，會碰到大腦這個瓶頸。

所以中華的文明一再強調，要向內去尋找真理，這其實就是開發人類的大腦。人類的大腦一般都開發不到5％，普通人也就開發了1％到3％。我們只有向內去求，掌握宇宙自然的規律，並運用這些規律去開發自己的大腦，發揮自己的潛能，這才是正路，才是真正地尋求真理之路。

上古的先聖們，能夠足不出戶而知天下事。這樣的人在東方被尊稱為神仙，在西方則被稱為先知。他們怎麼能知道呢？只有一個方法，就是向內去開發自己的大腦。

修行其實非常簡單，就是怎麼去開發大腦的潛能。而《道德經》就是告訴我們，怎麼用宇宙自然的規律去開發大腦巨大的潛能，昇華人們的精神。

第二節　名可名也，非恒名也

【名可名也，非恒名也】。這裡的「名」是一個概念，這概念也叫做「形」，有了概念就有形。

永恆的道既無形也無名

「名」最通常的涵義是名字，物體必定是先有其形，我們才能依此來給它命名。沒有形怎能有名？如果沒有形就叫做「無」，那就是道了。道的狀態就是波的狀態，沒有時間和空間的概念，既看不到也感知不到，不需要給它命名。

只有粒子狀態的有形之物，才能給它命名。這就是「名可名也，非恒名也」。當一個物體有了形，我可以給它命名的時候，它就不再是永恆的存在，已經不是道了，所以「非恒名也」。任何物體只要有了形，就必定會有成住敗空的四大階段。這樣就有了時間的延續，必是有始再有終。

宇宙的萬事萬物皆來自道，道來自虛無，也可以說是無極或混沌。道無名也無象，只是一種存在。但是人類的大腦只開發了5%，所以一般人無法理解道，也描述不出來。

　　當第一觀察者出現，波函數立刻崩塌，就呈現出了粒子結構，宇宙由此而化生。宇宙並不是由哪個物質變化而來的，觀察的那一瞬間就是宇宙之始，有始就必有成、住、敗、空四大階段，就必有終。哪怕這個宇宙再遙遠，年代再久遠，它最後都得有個空亡的狀態，也就是消失。有了開始和空亡，就是有了時間的概念。時間是事物的延續，那就有了空間的概念。空間就有了體積，接下來就有了大小的概念，有了界限的概念，一切就全都有了。

　　這就是「名可名也，非恒名也」。不管什麼東西，一旦成形，它就必定不是永恆存在的。只有「道」才是永恆存在的。但若一旦能夠被觀察，它就不是「恒道」了，就會有它的成住敗空。

　　這句「名可名也，非恒名也」描述宏觀的宇宙狀態，告訴我們什麼是宇宙的真相。自古以來，所有的聖人教化中土眾生，都在教人們開發大腦、昇華精神的方法。但沒有誰能替別人開發大腦，必須自己學會了方法以後自己去開發。

一切都從「無」中生「有」

前面講了「道」，也講了「名」。「道」是虛無，看似無，其實包含萬有。「名」是形。一切事物都具有兩面性，一面是波的狀態，一面是粒子狀態，其實就是一體的兩面。這句話講明瞭宇宙的結構，一個「道」和一個「名」，一種是波，一種是粒子。

【無名，萬物之始也；有名，萬物之母也。】萬物就是萬事萬物，整個宇宙所有的人事物，即有形之物。有形之物從無中來，「無名，萬物之始也」。最原始的混沌狀態只能稱為「無」，因為沒有確切的人類語言能描述那個狀態，叫做「混沌」也不準確。叫做「無」，就會有人理解成什麼也沒有，理解成空。「無」僅僅是最接近的詞，但它絕不是無，也不是空，「無」包含著萬有。所以我們只能權且以「無」來命名道。道是宇宙萬有的根本，宇宙就從那來，這就是無中生萬有。所有的「有」都源自「無」，都由「無」而生。無中生有，就是「無名，萬物之始也」。

「有名，萬物之母也」。所有的萬物，都從「有名」

來。「名」是概念，「有名」則是有萬物。這個「有名」，用量子物理學來理解就叫做「觀察者」。一旦觀察了，波函數崩塌，就從無的狀態生出了陰陽粒子，叫做「粒子狀態」。粒子狀態在五種力的作用下，經過不同的排列組合，又形成了萬事萬物。這就是無中生萬有的過程。

宇宙萬物都可以被分割成量子，也就是最小的粒子，粒子必有陰陽兩面性，也就是陰陽的粒子。最基本的「有」就是陰粒子與陽粒子，有形之物都由陰陽粒子和合而成，陰陽就是萬物的母親，而母親必定有形。

第三節　同出異名，同謂之玄

【故恒無欲也，以觀其妙。】我們怎麼去觀察、瞭解、認知萬事萬物的本質？其實須回歸道的狀態，也就是混沌的原始狀態。

妙，萬事萬物最原始的本質

混沌是宇宙萬事萬物的發源地，最本質的東西就在那裡，所以稱為「妙」，也可以叫做「微妙之至、微妙之極」。我要想知道任何人事物最本質的東西，首先得處於「無欲」的狀態。只有處於這種狀態，才能了知宇宙萬事萬物的本質皆是「妙」。

什麼是「無欲」的狀態？「恒無欲」的「欲」可以解釋為欲望。比如，我想要美食、想要美女，這就是欲望。欲望源於分別。有美女就一定有醜女，我只想要美女，這就是由分別而產生的欲望。只有處在無欲望的狀態，才能夠洞察事物之本源。若要放下欲望，就要從放下分別修起。「無欲」，其實就是無分別的狀態。

「恒無欲也，以觀其妙」，意指我要隨時隨地處在一種無分別的狀態。在佛法來講這就是定的狀態，由定自然生出慧。因為有了慧，大智慧一出來，自然就能感知到萬事萬物的本源，即是「妙」。所以，我們隨時都得處在一種混沌的狀態，也就是「無欲」的狀態。

無欲，打開大腦潛能的正解

但「無欲」這兩個字其實也只是權且稱之，不可從字面上把它理解成沒有欲望，那就大錯特錯了。

很多修行人都從「無欲」開始修，從控制自己的欲望開始修戒行。如果喜歡美食、喜歡吃肉，就故意不吃美食、不吃肉。如果喜歡美女，就故意不看她們，不去接觸她們。這些人以為修戒律就能得定，然後，有了戒和定就能得慧。

六祖惠能在《六祖壇經》裡一再強調這種理解是錯誤的，這不是「無欲」，而是壓制欲望。欲望一旦反彈就更可怕，壓制欲望的人就成了偏執狂、成了魔，還能修什麼道？修道是要愈修愈平和，愈修愈清淨，由清淨而得定，由定而生慧，這樣才能得大智慧。

　　人一出生，腦神經細胞就達到了最大量，但終其一生，大腦卻只開發了不到5％。大腦是有形之物，要怎麼才能突破有形之物的限制呢？老子在《道德經》裡告訴我們，只有回到混沌的狀態，即是原始狀態的時候，一切的有形之物才能重新設置，重新開始。

　　這就像是製造電腦的過程，電腦剛出廠的時候功能最強大，但出廠以後，它大部分功能都被底層軟體給限制住了。要破解底層軟體的限制，最簡單的方法就是讓電腦恢復原廠設定，這樣就能破解後天設置的軟體，恢復全部的功能。

　　這句「恒無欲也，以觀其妙」告訴人們要用什麼方法才能夠真正地打開大腦潛能？

　　佛法和道法都提到：所有的修行最後就是要得定，進入到那種「無欲」的狀態，這就像是回到了電腦的原廠設定。回到了最原本的狀態的時候，你的整個生命就重啟了。在佛法裡，這叫做「涅槃重生，浴火重生」。在道法裡，這叫做「脫胎換骨」。你只有到了「無欲」的狀態，也即是混沌的狀態，定的狀態的時候，大智慧流露出來，你才能夠達到「以觀其妙」的境界。

同時修行世間法與出世間法

【恒有欲也，以觀其所徼。】「徼」是顯化，代表著顯化於外的有形之物的發展變化的趨勢以及結果。上一句的「妙」是本質和源頭，這句的「徼」則是事物發展的過程和結果。

「有欲」，欲望產生的根本前提就是分別。我們在有分別的狀態下，能夠認知和洞察事物在顯化於外的現實中的發展規律及結果，這就是「恒有欲也，以觀其所徼」。

所以，只要達到「無欲」的狀態，就能跟事物的本源在一起，知曉事物之「妙」。

那，為什麼還要觀察事物之「徼」呢？因為一般人生活在世間，還沒脫離這個形體，還沒脫離家庭和社會。道家非常講究的就是世間法與出世間法要同修。所以，修行者既要掌握事物的本質、保持定的狀態，同時又要掌握世間事物發展的過程、規律以及結果。

佛講出家，代表的是出世間。佛法講的是：我不留戀世間的七情六欲，不貪戀紅塵，身體不過是臭皮囊而已，世間萬

物我都能捨。我只要達到定的狀態，就能知道事物的本源，重啟自己的生命，進而就能解脫了。

道法和佛法的不同之處就在這裡！

道法同時要修掌握世間。如果把世間稱為「陽」，出世間就可以稱為「陰」。世間的一切我們都能摸得著、看得見、身體都能感受得到，而出世間的陰則是摸不著也看不見的。所以道法最講究把握陰陽，不偏重某一面，人既要入世又要出世，以出世之心入世。人要掌握自己的命運，圓滿自己的人生，同時又要把握事物的本質，然後獲得解脫、超凡入聖。這就是道學！兩面都要，不離紅塵。

真正的道士都不講究避世，不講究隱居和隱修。道士有時隱居，但他可不是避世，而是因為天地人的大環境於己不利，不適合出山，所以就隱其身，匿其志。這是為了保全自我，靜候天時。一旦天時地利人和，內外條件都具備了，道士一定義無反顧地下山，步入紅塵，左右時局，平天下大亂。

掌握陰陽定律才能起修

【此兩者，同出而異名，同謂之玄，玄之又玄，眾妙之

門。】老子認為，修道的人既要修「無欲」的狀態，又要保持「有欲」，也就是要把握自己的命運，把握眾生的命運，替天行道。這就是「恒有欲也，以觀其所徼」。

這兩個是相反的：這邊是出世，叫做「無欲」、修定；那邊又要修形，把握局勢，把握趨勢，把握結果。修形可就沒有定了，要定就無形。這就讓人困惑了。所以老子說：「此兩者，同出而異名，同謂之玄」。就是指這兩方面都是同一回事，它們都出自一處。

但是一個有一個無，一個陰一個陽，一個出世一個入世，一個有形一個無形，它們怎能是同一回事呢？

沒錯，它們都是同一回事，因為它們代表的就是陰陽的屬性。我們必須清楚掌握陰和陽的定律，才能明白《道德經》這句話是什麼涵義。

陰陽的定律首先是對稱性，有陰必有陽。然後是互根性，陰離不開陽，陽離不開陰。陽離開了陰就不能稱為陽，陰離開了陽就不能稱為陰。這就像人的手心和手背，如果只要手心不要手背，當手背消失的時候手心也就沒了，這就是互根性。

若要修「無欲」、修定，就必須在「有欲」的狀態之下修，因為「有欲」最後才能成就「無欲」。不能說只要「無欲」，以為徹底消滅「有欲」就能達到「無欲」，這就錯了，這是走極端！

修行要從思維起修

這對修行是非常重要的一個理。想達到「無欲」的狀態，並不是消滅了「有欲」就能達到「無欲」。因為「有」和「無」這兩個字本身就是不貼切的，只是權且稱為「有」和「無」。但是人的大腦有侷限，一說「無」就認為沒有，一說「有」就認為是有。這是因為人的大腦潛能沒有打開。潛能在5%的範圍內只能線性地思考問題，無法同時考慮兩面。當看見手心的時候，就會看不見也想不到手背；當看到手背的時候，則又看不見手心了。

學經典，尤其是學道和佛的經典特別難。不論我整體性地講哪個理，你聽到的都是某一面，所以特別難學。你愈執著於那一面，就愈傾向於邏輯思維，看問題愈片面。愈片面，就愈看不到問題的本質，看不到它的整體，所以就不可能客觀。

　　當我看到了手心，描述手一定是講手心的這一面，掌紋是什麼樣子，幾個手指是什麼狀態的，構成了手。但是手心能代表手嗎？它是手的整體嗎？同時有另一個人在另一面看我的手背，讓他來描述手的時候，他也只能描述手背的這一面。兩個人的描述都對，但是都不全面，都不整體。這就是人的侷限。

　　因為大腦沒有打開，所以看不見整體的各個面。你以為自己看見了世界，看見了宇宙，但其實只是看到它的其中一面。在跟人打交道的時候，也由於大腦的侷限，你只會看到這個人的某一面。除非修行，否則永遠都看不到另一面。

　　所以，修行就要從思維模式開始起修，要從邏輯思維模式轉向成形象思維模式。這轉變是一個潛移默化的過程。

　　形象思維模式和邏輯思維模式有什麼區別？邏輯思維模式是線性的，按照一條邏輯線來延續，有因果關係，由無數的線再形成一個面，這就是人的思維。形象思維模式，就是：我看到一條線或看到一個面，就能在心中構建一個整體，這叫做「象」，代表全部的資訊。

　　怎麼才能看到事物的本質呢？就要從有形起修，要從邏

輯思維開始起修，不斷地向形象思維去改變。這就是打破大腦侷限的過程。當你的大腦在看任何人事物或思考問題的時候，不再是邏輯思維而是形象思維的時候，就意味著你已逐漸地打開大腦了。

打破邏輯思維，不斷地向形象思維轉化，這是有密傳方法的。但你首先要知道這個理，認可這個理才行。

陰陽的互根性

陰陽有互根性，修行不外乎就是把握陰陽，手握乾坤。乾坤即陰陽，我把握住陰陽，就能抓住事物的本質，就能超越和昇華了。

人由於大腦的潛能沒有打開，看任何問題要不是陰要不就是陽，只能看見其中一面。所以想要打開大腦，就要從思維模式開始起修。

修行不是就入定打坐，你不明白什麼叫打坐，不能亂打坐！真正的修行不是僅僅在形體上修，而是先在思維上修，這叫做「思維修」。要先認知和掌握真相，轉變知見和觀念，從而轉變思維模式。

陰陽的對立性（兩面性）

陰陽有互根性，同時也有對立性。

「有欲」和「無欲」，有和無是對立。陰陽的對立性，決定了沒有對立就沒有整個世界，有形世界是由對立而來的，對立則是由分別而來的。

美和醜，因為有醜才襯托了美，醜和美是不是對立？「無」的時候沒有分別，也沒有對立。一旦有了分別，就必有對立，就形成了「有」。

所謂的「有」就是萬事萬物都從對立而來。宇宙中任何一個有形之物都有對立性，沒有對立它就不存在了，就是波的狀態、無極的狀態了，就不是有形之物了。

所以這是本質，修對立性就是修陰陽，修道也是修陰陽。由於人的大腦有侷限，只能看到事物的一面，看不見另一面，甚至想不到另一面。所以一般人都要從陰陽的對立開始起修。

任何事物都有它的對立性，也就是兩面性。

一般人看人的時候，自然會有某一面的認識和判斷。通

常，剛見面的三十秒就決定了你對這個人的印象以及和他關係的80％。這一生你再跟他接觸，後面也只能轉化那20％。因為你只看見了一面就固定下來了。一旦對某個人事物形成印象，就很難改變。

我們怎麼修？接觸任何人事物的時候，只要一看到其中一面，就要馬上想到還有另一面。這個打破固有模式的過程就是修道的過程。用這個方法不斷地練，邏輯思維就能逐漸地轉化成形象思維，在看人事物的時候就會逐漸地有全面性。因為人的大腦就是片面性的，也就是邏輯，所以要先從兩面性去突破，先練習去想或去看另一面，然後就會逐漸發現事物不僅只有兩面，其實還是多面、多元的。這樣，我們的思維就在昇華、模式就在改變，大腦潛能就逐漸地被打開。

陰陽的此消彼長與客觀性

陰陽還有相互消長的定律，「有」和「無」相互消長。

任何事物，陰盛則陽衰，陽盛則陰衰。這意味著我們側重哪一面，就是在強化哪一面，這也必然會弱化另一面。這就是消長性，是最基本的規律。

從人的邏輯思維來講，我看到某一面就認同該面，這就不符合陰陽的定律。你認為這個人是壞人，奸詐狡猾、兩面三刀。一旦你認同他的這一面，這一面就盛。其實他還有熱心助人、無私孝順的另一面，但是那些你都看不見，因此就弱下去了。這就是陰盛則陽衰，一方面盛，另一方面必定衰。

所以，當你在觀察任何人，當看到對方狡詐奸猾那一面的時候，就要再去觀察他的另一面，儘量不讓陰或陽的某一面太盛，另一面太衰。

當我只認同某一面的時候，也就對人下了一個定義。當我不斷強化這一面的時候，就會愈來愈偏執，愈來愈看不透人事物的本質，愈來愈不客觀。這就是人！因為生理結構和思維形式都有侷限，所以觀察和認知世界的角度就有了極大的侷限。

因此修道要從身邊的人事物開始起修。修行要先知道自己哪裡有缺，然後根據大道之理去不斷地修復它。我是片面的，那就要去追求整體性。我是偏執的，那就要去追求客觀性。能看到整體才叫做「客觀」，如果看不到整面至少要能看到兩面。如果只看到一面然後就強化這一面，這就是片面

性，不客觀！

真正的修道並不是打坐運氣、意守丹田，而是從這裡開始起修。所以修《道德經》，不能僅僅看字面。

「此兩者，同出而異名，同謂之玄」。「有」和「無」哪個是對，陰和陽哪個是對？它們都是從同一個地方出來的，哪個都對也哪個都不對。你把它們分開了就是不對。只有把「有」和「無」融合起來，把陰和陽融合起來，這才是對。把陰和陽、「有」和「無」給融合起來，才能看到人事物的本質，這就是客觀性、整體性、全息性，是修道的起始處。

善和惡異名而同謂

「故恒無欲也，以觀其妙；恒有欲也，以觀其所徼。此兩者，同出而異名，同謂之玄。」說我「恒無欲」，就能知道事物的本質。同時又說，我要「恒有欲」，要知道事物發展的過程和結果。老子在《道德經》裡沒有說哪個更對。當你一說哪個更對，或是哪個對哪個錯，就落入了邏輯思維，落入了分別當中。到底應該是「恒有欲」的狀態，還是應該是「恒無欲」的狀態？老子明明白白的指出，其實這兩者是一回事。

「此兩者，同出而異名，同謂之玄」。你側重於哪方面都不對，只有把這兩方面都做到了，才是異名而同謂。它們只是名稱不一樣，其實說的都是同一回事。

也許，你會覺得「有」和「無」，陰和陽，美和醜，好和壞，這些怎能是同一回事呢？所以你就是凡夫。因為你有侷限，又不斷地進行分別，就把人分成了好人和壞人，把事分成了好事和壞事。你不能把兩方面融合起來，只能分裂。其實，好事即壞事，壞事即好事，美即醜，醜即美，善即惡，惡即善。愈分別，愈執著某一面而放不下，人就會一點點地墮落下去。這就叫做「順」，順則成人。你要修行必須逆，打破大腦的侷限，打破片面性，打破偏執，這樣才叫做「逆」。

接觸任何人事物的時候，都要放下對一面的執著。當我認同它的某一面，就不要再去強化了，一定要去觀察它的另一面。任何聖人必有極其完美之處，但是也必有不完美的地方。當我認同這個聖人的時候，就不能愈來愈強化他的完美，我一定要學會觀察他不完美的另一面。如果我把完美與不完美融合起來，兩面去看，就相對客觀。

任何一個十惡不赦的壞人，當我已經認同了他的惡，就

不要再強化了。我就要觀察他的好、他的善，要找一定是有。世上沒有十全十美的人，也沒有十惡不赦的人，都是你以為。一說聖人就十全十美，一說惡人就十惡不赦，這就是常人。

所以真正的修道是從這裡起修，善和惡異名而同謂，它們是同一回事。如果善良過了頭，完美過度了，反而不完美，什麼東西過度了就不對了。但是，這個過與不過，都是人們觀察世界所得出的結論，都是「我認為」。畢竟只用有偏限的大腦看這個宇宙，只能看見它的一條線或一個面，看不到全部的宇宙真相。所以學習《道德經》，意義就在我要打開大腦全部的潛能，精神上能夠昇華和圓滿。

這一章的最後一句，「玄之又玄，眾妙之門」。「玄」從字面上來解讀，黑者為玄，深邃者為玄。這個「玄」也可以解釋為最原始、最初。「又玄」一詞不是更玄的意思，而是「玄」的反面，這就是兩面性。最深邃的、最原始、最本質的叫做「玄」，而最顯化、最表面、最形式的叫做「又玄」。我知道了最深邃的理、最原始的起源、最本質的精髓，又知道最表面、最顯化、最形式的東西，而且知道它倆是一回

事，這就叫做「玄之又玄」。

　　當你真的理解了它倆是一回事，理解了兩者同出、異名同謂的時候，你才開始進入道之門，你的修行才開始摸著一點門路。「眾」是所有。「妙」是最微妙、微妙之極、微妙之至。「門」是入道之門。你要想修道，必須從這個角度開始入門，這叫做「玄之又玄，眾妙之門」。因此在這裡老子想要傳達的是，把握陰陽、手握乾坤就是「眾妙之門」。

　　《道德經》的第一章儘量從多方面、多角度來描述道，又簡要地教了大家入道之門的方法，這就是第一章給我們的提示。

第三章

聖人居無為之事，行不言之教

——《道德經》第二章

在這裡，《道德經》展示了陰陽的定律。

告訴我們怎麼去看待陰陽，怎麼領悟陰陽，

並且在現實中怎麼運用陰陽。

為人處事也要掌握陰陽平衡，方能長治久安。

<u>第一節　天下求美，其惡自生</u>

《道德經》第二章

【天下皆知美之為美，斯惡已；皆知善之為善，斯不善已。有無之相生也，難易之相成也，長短之相刑也，高下之相盈也，音聲之相和也，先後之相隨，恒也。是以聖人居無為之事，行不言之教。萬物作而弗始也，生而弗有也，為而弗侍也，成功而弗居也。夫唯弗居，是以弗去。】

《道德經》第一章主要講道，講天地是怎麼來的，宇宙的真相是什麼。天地化生以後，由無極生太極，太極生兩儀。兩儀即是陰陽，陰陽就是構成宇宙萬事萬物的最基本的粒子和要素。第二章就是講怎麼運用陰陽，所以用的詞都是成對的。

陰陽，中華文明的基礎

陰陽的定律是中華文明體系最重要的基礎。由陰陽衍生出天地人三才，再衍生出四象，然後是五行的生克。陰陽

定律是理論基礎當中最基本的定律，而五行生克是應用方面最基礎的定律。由五行又衍生出八卦，然後不斷地演進，就形成了中華一整套的理論體系。

陰陽的概念和定律，是從《易經》和《道德經》來的。《易經》講「一陰一陽之謂道」，既解釋了道，也解釋了陰陽定律的形成和應用。《道德經》則是更直接地展示出陰陽的定律。《黃帝內經》展示了五行的定律，治病只是顯現，不是它的目的。《黃帝內經》其實是怎麼運用五行的定律，以治病來修道，以身體來修道。

像《易經》、《黃帝內經》、《道德經》這些經典都是同個時代的產品。它們不是在春秋戰國時期創作出來的，而是上古先聖流傳下來的。上古的先聖們一傳下來的時候，這些經典蘊藏的智慧就是最完整和最高的，是無可超越的。後世的人只能學其冰山一角，學不了整體。只有那些得道之人，才能通達的領悟、掌握和運用這些經典上的理論體系以及實踐的方法。

到了現在，能領悟經典、領悟上古文明的人，基本上已經沒有了。因為從宋以後，各朝代的統治階級就一直在打壓民

間掌握這部分知識和智慧的人，不允許他們存在。智慧就是極大的力量，這樣的人會對統治階級的統治構成極大的威脅。他是先知，看任何人事物都能看到真相，都能知道其發展規律。他一看現實中呈現的狀態，就能見微知著，知道後面朝代發展的過程、趨勢以及結果，這對統治者來說太可怕了。

所以從宋以後，中華這一套文明就愈來愈沒落，愈來愈形式化、無用化，全都流於字面了。解讀經典都變成了字面的解讀，都變成了義理考據。統治階級不怕這個，因為義理考據沒有力量，大家僅僅懂一些哲學上的理是沒有意義的。

《道德經》的第二章所展示的就是陰陽的定律。它告訴我們怎麼去看待陰陽，怎麼領悟陰陽，怎麼在現實中去運用陰陽的定律。

美與惡是一體的兩面

【天下皆知美之為美，斯惡已；皆知善之為善，斯不善已。】從字面解讀，「天下皆知美之為美」就是全天下都開始追求美，這叫做「天下皆知」。「美之為美」的意思是：怎麼做才能成為美，什麼才可以稱為美？這也就是美已經有

了標準。當天下皆知美的標準，美就被定形了，有了名，稱為美。而且全天下都推廣了，大家已經都認同了。「斯惡已」，這個時候惡就已經形成了。

惡怎麼來的呢？是因為美而產生了惡。本來天地是一片混沌，無名無欲無相無形，沒有美的概念。美又代表著完美，但是一般人對完美是有標準的：善良是美，乾淨是美，純潔是美……；按照聖人制定的標準：溫良恭儉讓是美，無私是美，捨己為人是美，為國家和民族拋頭顱灑熱血是美……。當天下皆知這些都是美的時候，惡就已經產生了。

任何事物都有兩面性，美和惡也是一體兩面。本來沒有惡的概念，是因為有了美的標準，才出現了惡。一般來說，美對應的是醜。而廣義的美對應的就是惡，惡就是不完美。因為有了完美，才會產生出不完美。

比如，良善是美的品德，我們都要成為良善之人，這是個標準。如果良善是美，那麼它對立的兇惡就是惡。它們相輔相成，有其一必有其二，不可獨存。如果沒有了兇惡，也就沒有良善之稱了。當有了良善這個標準的時候，自然就出現了兇惡。天下皆知應該良善，皆知不應該兇惡。所以它們

就是一對，就是陰陽。

但是，惡是怎麼產生的。當我們有了倫理道德，有了美的標準，同時也就有了惡。當有了標準以後，整個社會從上到下推行這個標準，天下人皆知這是好的、是對的，應該照著去做。不這樣做就是錯，不符合美的標準就要受懲罰。

這句話有兩層意思。第一層的意思是，陰和陽必是相伴而生，這是互根性。因為有了美作為標準，就產生了惡。第二層的意思是，當「天下皆知美之為美」的時候，就產生了惡。這裡講的惡，指的就不是和美相對的不完美，而是天下的人都在追求美的標準的時候，人們就因此而產生了惡。

「天下皆知美之為美」，當大家公認這是美的標準時，能達到甚至超越這個標準的人，一定會得到社會的獎勵。人性是趨利避害的，所以全天下的人必然會去追求這個美。因為我符合美的行為標準，就能得到父母和師長的獎勵贊許，能得到整個社會的認同。而社會認同我的結果，就能讓我得到精神、名譽和物質各方面的獎勵。在這種情況下，人為了追求所謂的美，就會相互比較，看誰更美，更美的人就能得到更多的獎勵。人有了比較就有分別，就會因比較而產生不平，因不平

而產生怨恨，因怨恨就會產生惡的行為。

所以這句話的第二層意思，就是說一旦美的標準被固定下來了，在追逐這個標準的過程中就會產生惡，惡已經由此而出現。因比較而嫉妒，這是人性。因嫉妒而怨恨，因怨恨而不擇手段，然後就產生了惡的結果。有的人為了追求美，在背後做了很多不擇手段的事，在怨恨的時候做了很多害人的事，不斷地作惡。但是他的表面卻是最美的，比大家都美。聖人想要傳達的是，標準一旦固定下來，人們不斷地執著的追求美的時候，就已經變成了惡。

美的標準讓群體變得更好

那到底要不要美？完美本身沒有錯。因為人都有向善之心，都希望做個好人，必須有個標準。沒有標準就是無所謂好壞，那是不對的，沒有標準的害處比有標準更大。比如說某個政府是獨裁政府，大家覺得特別受限制，沒有自由，都恨這個政府。但是突然某一天變成無政府了，沒有法律制約，大家想幹什麼就幹什麼，無政府的危害是不是比獨裁政府還要大？這就是兩個極端。

　　聖人認為當天下有了美的標準的時候，惡就出現了。但是我們不能為了防止惡的出現，就不要任何標準，去掉美和善的概念。如果那樣做，就像無政府主義，危害更大。要理解聖人的意思，就必須妥善掌握這個標準，也就是陰陽！

　　美的標準當然要有。因為人是群居動物，獨立的人基本上是無法生存的，必須是很多人聚集在一起生活和工作。在一個大的群體中，要想維持良好的秩序，和諧穩定地繁衍生息，就必須有一套規則，而且要讓所有的人共同遵守。這套規則必然會對個人某些方面的自由有所限制，不能讓人無法無天、任意妄為。這套規則、規範，可以稱為美的標準。

　　當每個人都遵守這套規則的時候，這個社會就是一個和諧的社會。大家都能協同，也有秩序，才能合力把事情做成。整個群體才能更好地繁衍生息，一代又一代。如果沒有這個規則和標準，所有的人都按本性去做，全是自私自利，唯一的動力就是自身利益最大化。沒有規則的群體就是烏合之眾，內部的衝突和消耗是巨大的，做不成大

事，最後一定會影響到群體內每一個人的生存和繁衍。

我們不能僅僅把美當做感官的感受，以為誰長得好看就是美。這裡說的「美」並不是好看，而是為了整個社會群體能更好地生存和繁衍所制定的最基本的行為標準。行為愈是趨向於標準愈美，愈能得到社會的認同，這就是「美」的來源。

遵守這個標準的時候，每個人都有所限制，可能會無法達到自身利益的最大化。但是這樣就能達到整個群體的利益最大化，同時達到個人利益相對的最大化，這就是我們想要的。於是人的禮規、倫理道德、綱常和法律，其實都是按照這個制定出來的。如果你不遵守這些，你的行為超越標準，就是在破壞集體生活的標準和規則。這樣你的行為就會對所有的人產生不利，這就是惡，因為你影響了每一個人。

美與惡，不落兩極才是好

因為有了美的標準，就有了惡。如果不想要惡，是不是連美的標準都不應該有？錯了，沒有了美的標準的時候，你就會發現所有的人都在破壞，就完全沒有美了，只剩下惡。

有的人修禪修成了狂禪，把世間的人倫之道、最基本的禮規甚至連法治都放下了。他以為這就是解脫和自由，以為這就是無善無惡，沒有是非對錯，隨心所欲。然後他就胡作非為，做了傷風敗俗之事還毫無廉恥，天天把禪話拿出來駁別人：「守標準、守戒律、守道德的就是好嗎？」這種人就是典型的禪油子 (註) ，修行修到後面是善惡不分、是非不明，連最基本的人倫、道德、綱常都沒有了，禮規和法律都沒有了。

　　這樣的人非常可悲，他就是從一個極端走向了另一個極端，就像是從獨裁政府走向了無政府主義，結果天天都在不斷地造惡。他為了不使惡產生，把美和善的標準打破了。他以為這就是超越，結果變成全惡了。魔就是這麼來的，就是打破世間的綱常，打破美的標準，我行我素，覺得我是天下之尊，天下任我去逍遙。歷史上有很多這樣的修行人，修偏了，從一個極端走上了另一個極端。

　　難道除了美和惡，除了獨裁政府和無政府，就沒有別的政府形式了嗎？當然還有，這只是極端的兩個方面。在

*註：禪油子，指某些人愛拿佛教術語、禪門公案等佛教知識跟人在言談之間打機鋒，表面上看來相當通曉佛理，實際上自己並未在生活中融入修行。

學《道德經》這句話的時候，一定要注意這一點。好多人學了這句「天下皆知美之為美，斯惡已」，就開始反對美了，就開始反對規則和基本的理了。這是不可以的，你不能從一個極端走到另一個極端。

因此聖人教導我們怎麼去看待這個問題。美，社會的基本規則，綱常倫理，道德和法治，這些本身都沒有問題。為美制定標準不是惡，追求美也不是惡。我們要搞清楚，過度了才是惡。這是必須遵守美的標準，但如果你覺得只有守著標準才是好，只要稍微破了標準就是惡，這時候就會出問題。

學會拿捏美與善的標準

第二層的意思就是，當人們在追求美的過程中，如果執著地、絕對化地追求這個美的標準，就過度了，就會有問題。其實美本身不是惡，它是必須的。善的標準、人倫之道、法律、規範、綱常，這些本身都不是惡。絕對化地說這些標準就是善，或者說不符合的就是惡，這才是問題。即使是美的標準，善的準則，也是有一定的條件及要求的，也要合時宜。陰和陽是可以相互轉化的，可以消長的，既是對立的又是對稱的。

很多人都錯解經典上的這句話了。「斯惡已」，惡就這麼產生了。所以很多修行人就想，怎麼能徹底消除這個惡？他以為連美都沒有，就沒惡了。他把惡當成絕對化的惡，要消除這個絕對化的惡，這才是問題。他只想留著所謂的美，也就是完美，把不完美就當成了惡。很多修行人都在想怎麼能止惡揚善，怎麼能把惡徹底去掉，然後變成純善至善。

如果往這個方向去修，符合陰陽的定律嗎？陰陽是可以轉化的，也是可以消長的，但是你能讓其中一方消失嗎？陰和陽哪個才是好的，哪個才是完美的？能絕對地固化它嗎？聖人一再闡述，陰陽真正應該守的準則是平衡。美與惡也是陰和陽，不能消滅其中之一，而是如何平衡它。

因為有了美，才產生了惡。那把美消除了，不需要美的時候，惡是不是也就沒有了？理論上是可以的，但那是修行的最高境界了。當你修到了那個階段的時候，為了防止出現惡，連美的標準都沒有的時候，宇宙萬有其實都不存在了。你就回歸到了佛說的涅槃的狀態，道說無極的狀態，也就是大道的狀態，混沌的狀態。在那個狀態下，既沒有美也沒有惡，那是最高的境界和目標。

在二元世界中尋找平衡

但一般人很難達到這個境界。因為在二元世界，這個世界已經成形了。《道德經》告訴我們怎麼修道，回歸最原始、最初的狀態，那是最高的目標。但是同時，它也闡述了在已經形成的二元的現實世界中，應該怎麼做才能相對地長治久安，能更好地繁衍發展。聖人告訴我們有個最高的目標，但是一般人恐怕現在達不到，先一點點來做，也就是說先在二元世界中，尋找相對的平衡，先做到不極端、不偏執。對完美的追求不要過分，掌握好原則，這就是不偏執。美的標準本身沒有問題，過分地追求它，認為只有這樣做才是美，這才是問題。

我們要把這句領悟透，這樣在現實中做事，才能做到既講原則又懂機變。我們講原則有底線，必須守最基本的人倫道德以及規範法制，但是又不能僵化、固執、絕對化地遵守，否則又走向了另一個極端，變成惡了。如果說符合標準就是對的，就是美，不符合標準的人就是社會的敵人，就得懲罰他甚至消滅他，這就是過度地追求所謂的完美。那就會以美的名義、善的名義、愛的名義，甚至以天道之名，去殘暴地殺害、

虐待所謂的不符合標準的人。

歷史上往往是這樣，做得過分了，人就變成了大惡，還以為自己是大聖人。他以為自己在執行善和美的標準，以為是替天行道，以為他消滅的都是人類的敵人，結果是他變成了惡魔。

在所謂的善與惡之間要如何平衡，聖人是有標準、有底線、有原則的，但同時也是講機變的。陰陽的定律中還有陰陽轉化，因此美的標準、善的標準都是有階段性的，不是亙古不變的。在什麼環境下，應該遵守什麼樣的標準才是善，這可不是絕對的。世上沒有恆常不變之理，也沒有恆常不變的標準和規則。

前面第一章告訴我們，當事物「有名」的時候，它就不是永恆的，因為已經有形了。美和善的標準也是這樣，會隨著事物的發展變化而變化，隨著環境和時代的變遷而變化。靈活的掌握這套變，就叫做「易」，這是《易經》揭示的最本質的一個宗旨。陰陽是在相互消長與轉化的過程中達到相對的平衡，並不是絕對的。

第二節　有無相生，長短相刑

解讀了第一句「天下皆知美之為美，斯惡已」的同時，其實也在解讀後面的話。

【有無之相生也，難易之相成也，長短之相刑也。】這句提示我們透過比較得來的分別心其實只是一種感覺而已。

「有」好還是「無」好？對我有利益的財富、幸福、美女、美食、美味，這當然是「有」好。但是「有」從哪來的？從比較而來。「有」和「無」相生，因為有「無」，在做比較的時候，就有了「有」。

有與無的感受是可以轉化的

所謂的美食和財富，其實人人都有，但是為什麼人人都說自己沒有？因為這是比較而來的。「有」就是足夠，「無」就是缺乏，這是透過比較而來的感覺，而不是絕對化的區分。

比如說多少錢算是有財富，其實沒有標準。有的人只有一百萬美元，他就感覺自己非常富足，很滿足。有的人有十億美元，他可能還覺得買不了什麼，還是缺錢。「有」和「無」

本身是一種感受，而不是絕對化的東西。既然是感受，就跟絕對的數額沒有關係，就可以轉化，這就是陰陽。

　　這個人有一百萬美元就覺得特別富足，就是陽。那個人有十億美元還覺得缺錢，就是陰。當一百萬美元的人跟十億美元的人一比較，發現自己比對方差太遠了，突然就覺得自己沒有財富，陽轉成了陰。而十億美元的人把統計資料拿出來一看，發現全世界比他有錢的人寥寥無幾，他在財富的金字塔裡靠近塔尖，突然就覺得自己很有錢，陰轉成了陽。這就是陰陽的轉化，它是感受，不是絕對的，所以要學習調整自己的感受。

好，就是適合自己的

　　【長短之相刑也】，長好還是短好呢？有一句話叫「尺有所短，寸有所長」，這是針對參照物來說的。比如要用螺絲釘來固定一個物體，但是螺絲釘有很多種，有的長，有的粗，有的短。你不能說就要長的或是短的，螺絲釘必須長短粗細都合適，擰上去才能起到固定的作用。要長的，要粗的，擰不進去都沒用，這就是「尺有所短」，因為它不合

適。「寸有所長」，就是短的正好特別合適。

所以聖人明白指出了，有無、難易、長短、高下、先後，以及美和醜，善和不善，這些都是相對的，沒有絕對的好，也沒有絕對的壞。我們不可以因標準而制定標準，然後去追求那個標準。

什麼叫追求標準呢？打個比方，「天下皆知美之為美」，家長都認為孩子進入明星大學就是好。但是為了讓孩子達到這個好的標準，家長就會不擇手段，強迫孩子去做他不願意做的事，或者他的能力所不及的事。這個時候惡就產生了，壓迫會產生反向的效果。當然有的孩子能逼出來，但是大多數孩子是逼不出來的。

當家長認為孩子考上明星大學，一生就好了，這就是美。如果孩子考不上明星大學，一生都廢了，這就是惡。如果他覺得這是標準，不斷地按照這個標準去要求，不擇手段地壓迫孩子，最後的結果不一定就是好。

進明星大學是好，這是家長根據社會上的統一標準或大眾共識來認定的，這就是「天下皆知美之為美」。但是，孩子並非一個固定的物體，是有彈性也有個性的，是一個獨立的

生命體。對孩子來講，好的標準是什麼？他也許對數學物理化學不感興趣，就是對操作機械特別感興趣。如果按照他自己的興趣發展，就是上一所普通的技職學校，在專科學校裡學技能才是他喜歡的。

有太多沒上過明星大學的人，在技職學校裡學了自己喜歡的專業，專注地做下去，最後有所成就。明星大學是社會公認的長、美、好，孩子考不上就是短，不符合社會公認的美和好。但是孩子在技職體系學到的專業就是他喜歡且擅長的，這就是合適。對孩子的一生來講，什麼是好，什麼是惡，什麼是長，什麼是短，什麼是高，什麼是低，其實都是相對的，都是可以轉化的。

【高下之相盈也】，到底是高好還是低好？愈高未必愈好。任何事物有利就有弊，這就是陰陽。以沒電梯的樓房舉例，年輕人不怕爬樓梯，會覺得樓層愈高視野就愈廣闊，但當老了以後腿腳跟著不便，就會覺得樓層愈低愈好，最好不必爬樓梯。所以，不能絕對地說高就好，低就不好。

【音聲之相和也，先後之相隨，恒也。】這幾句講的其實都是同一回事。美和醜，善和惡，都是相對的，都是可以

相互轉化的。美和醜也不能絕對化，善和惡也不能絕對化。任何時候做任何事，都要以適合為第一要務，而不是全天下都說這樣好，我就按照這個標準去做。這就是永恆不變的標準，也就是「恒也」。

比如，每個女人都想追求美貌，這是「天下皆知之美」。但是當她真正得到了美，甚至達到了天下最美，惡就產生了，所以自古紅顏多薄命。你要理解領悟這個理，要追求最適合自己的，不要一味去追求別人都認為好的。作為一個女人，到底是要容貌第一，還是要智慧第一？你既想要成為天下第一美，又想要天下第一慧，這就不符合陰陽之理。美和慧本身也是陰陽兩面，你追求這一面的時候，其實就少了那一面。慧者是醜女居多，這是一種平衡。真正有大智慧的女人，是不會讓自己的容貌太出眾的。大智者若愚，不僅是容貌出不出眾的問題，顯得很愚正好是與美相反的方向。

為什麼不在容貌上容光煥發，吸引所有的人呢？其實美女身邊的是非就是多，因美女而起的紛爭在歷史上還少嗎？男人都為她死了，她就能活嗎？一味地追求美，覺得好看就是好，這就是沒有智慧。什麼是美，什麼是醜，都是相對的，

適合就好。但是如果你故意邋裡邋遢的，故意不打扮就出門，這就過分了。這是既沒有容顏又沒有智慧，走到另一個極端了。適合，就是什麼事都不要過分，也不要把別人的標準當成自己的標準。

所以，在修行過程或在現實生活中，要妥善掌握好和壞的標準、善和惡的標準、完美與不完美的標準。我們心裡既要有標準，又要知變通。「音聲之相和也，先後之相隨，恒也」。「恒也」，適合才是永恆不變的規則。

恰到好處就是智慧

經典裡面一句話的涵義有很多層次。這就是智慧，它是立體的，是一個整體，而不是一條線。

一條線不是智慧，而是邏輯。邏輯和智慧正好相反，不能說愈有邏輯就愈有智慧，也不能說沒有邏輯就有智慧，只有恰到好處的邏輯才能產生大智慧。有的時候我有嚴密的邏輯，有的時候我沒有邏輯，有的時候邏輯少一點，有的時候邏輯多一點，恰到好處就是智慧。

打了這麼多比方，就是要說明經典當中這段話的涵義。

但是語言太貧乏了，太片面了，就是線性的邏輯。用線性的東西來表現整體，我舉再多的例子也不行。只能說我這是敲門磚，解讀經典就是拋磚引玉，引發你的思考和領悟。

言語道斷，話只要一說出來，其實就離道甚遠。這是語言本身的缺陷，絕不可能滴水不漏，沒有辦法。所以我權且來講，你也權且聽之。講經說法就講究有緣。有的人就適合我這種表述方式，聽了就能有所感悟。有的人就適合聽大學教授講義理考據，邏輯嚴密，他對那些能有所感悟。一切都要講究適合，這是「恒也」，是不變之規。

第三節　居無為之事，行不言之教

【是以聖人居無為之事，行不言之教。萬物作而弗始也，生而弗有也，為而弗侍也，成功而弗居也。夫唯弗居，是以弗去。】因為萬物有常理或者常規，所以真正領悟大道的人應該「居無為之事」。「居」是平常，就是平時做事的時候以「無為」作為原則。

無為，絕不是無作為

「無為」這個概念非常博大，這裡面的理很深，不是那麼簡單。因為這兩個字本身就很難理解，就是矛盾的，「無」是沒有，「為」是作為。從字面上來理解「無為」，就會理解成沒有作為，什麼都不做，那就大錯特錯了。

在《道德經》裡面，經常出現「無為」這兩個字，它是最高的境界。但「無為」絕不是無所作為，不是什麼都不做。「無」不是「不」的意思，但也不是「有」的意思。這個「無」就是第一章講的「道」。「道」看似虛無，其實包含萬有，是一切生發之始。「無」是萬物之始，「有」是萬物

之母。「無」是看似什麼都不確定，看似無形，卻又蘊含著無數種可能，這就是道。

「無為」，就是以道為標準的作為。道到底是一個什麼標準？就是前面說的「恒也」。美醜、善惡、高低、有無、長短、難易，這些都是無形的，沒有哪個是好，也沒有哪個是壞。標準一旦固著了，執著僵化了，這才是問題，好的標準也變壞了。當時代和環境已經改變，標準卻不隨之變化，惡就產生了，就有反作用力了，做事就不順了。變才是標準，根據時代與環境的變化，用最合適的行為來制定標準，這才是「恒」。

因材施教，也是一種不言之教

關於「聖人居無為之事」這句，當你問聖人：「我該如何做這件事？」聖人絕不會直接回答，也不會告訴你什麼是對、什麼是錯，更不會教你應該怎麼做。聖人愈通達大道之理，知道陰陽變化的規律，就愈說不出話來。你問這個專案能不能做，聖人絕不會給你掐指一算然後說這事可以做，會這麼做的絕對不是聖人而是騙子。做任何事情，一定得根據

時代、環境和人不同的變化，然後才能說適合不適合做，能做還是不能做。所以「聖人居無為之事」，在他的心中或者腦中沒有固定的標準。

孔子一再強調要循周之禮，以孝道治天下，以禮樂來教化眾生。但如果說我們必須照做才是對，不照做就是錯，那就是在侮辱聖人，誹謗孔子。孔子在《孝經》和其他儒學經典裡讓大家守周初之禮，守等級秩序，在他所處的年代那麼做是對的。一旦時代和環境變了，那麼做可能就是錯的。

在商末時期，紂王殘暴無道。周文王如果死守孝道不知變通，一味地敬君主，哪還能有周朝八百年讓中華文明達到鼎盛？他重新建立的一整套符合天道綱常的倫理道德、規範和禮樂能一直延續到現在嗎？那就都沒有了。六祖惠能如果一直守著孝道，就不能拋下老母去黃梅學法，後面也不可能廣傳佛法讓無數人受益了。

所以「聖人居無為之事」，包括釋迦牟尼佛祖都是如此。對於同樣的問題，他針對不同的人，解答都不一樣。比如佛經裡面記載著，一些弟子在佛祖的身邊，這時有一個人來問佛祖：「有沒有前世？」佛祖就告訴他：「沒有前世。」

這人一聽，很欣慰地走了。過了一會，另外一個人來了，問佛祖：「有沒有前世？」佛祖告訴他：「有前世。」這個人就走了。過了一段時間，第三個人又來問同樣的問題：「有沒有前世？」佛祖看看這個人，就對他說：「不好說，我也不知道。」當第三個人走了以後，弟子們就懵了，問佛祖：「到底有沒有前世？三個人問同樣的問題，你給了三種不同的解答，到底哪種是對的？」

佛祖就給弟子們講：「第一個人堅信有前世，他堅信現在生命當中的一切都是前世造業或者造福導致的，所以他就認命了，覺得前世做的事無法改變。他來問我，我告訴他沒有前世。其實我就是告訴他，你的命運是你來做主的，你要放下。這個人太執著於前世了，已經影響到他在現實中的生活。告訴他沒有前世，從此以後他就能按照自己的想法，積極努力的從宿命論當中超脫出來。

第二個人不信有前世。當他不信有前世的時候，也就不信有後世和輪迴，就不認因果。他因為不認因果，就在現實中胡作非為，怎麼快樂、怎麼刺激就怎麼做。所以當他來問我的時候，我告訴他有前世，是要警戒他。讓他記住前世就有輪

迴，不是這一個生命體結束之後就煙消雲散了。有輪迴就有因果，他現在種的因就是後面的果，以後有他的報。這樣他知道了以後就會警戒，就不會胡作非為。他就會想種現世之福因，後面得好的果。

第三個人來問我的時候，其實他一直在困惑於這個問題，他還是混沌狀態。所以我既不能說有前世，也不能說沒有前世。我只要一說，就固化了他。而他一旦形成了固化的印象，就可能會執著。他一旦執著了，要麼就是第一個人的狀態，特別信前世，要麼就是第二個人的狀態，不信前世胡作非為。所以我既不能告訴他有，也不能告訴他沒有。」

弟子問：「如果第三個人，以後像前面兩個那樣修偏了怎麼辦？」佛祖說：「修偏了以後再來的時候，我再給他糾正過來。」

這就是「聖人居無為之事」，佛祖就是聖人。有前世，沒有前世，和不知道有沒有前世，這三個回答哪個是對的？其實，對釋迦牟尼佛祖而言，這三個回答都無所謂。對什麼人說什麼話，這就是「居無為之事，行不言之教」，只要適合對方，就是「恒也」。

　　善惡，好壞，其實都沒有一個固定的標準。比如殺人，在和平年代殺人就是惡，這沒有問題。但是在戰爭年代，遭到外族侵略，碰到了欺淩弱小、濫殺無辜的惡人，你還守著不殺生是善嗎？那個時候，善和惡的標準怎麼界定？如果剛發生二戰，希特勒要塗炭生靈，你有機會殺他，你還守著不殺生是善的標準，你是不是就成大惡了？一定是沒有固定的標準的，唯一的標準就是適合。

　　釋迦牟尼佛祖對前世的解答，對弟子來講就是「行不言之教」。有沒有前世本身不重要，最重要的是要知道陰陽消長和轉化之理。第三個人不知道有沒有前世，當他在困惑的時候，相對來講陰陽還是平衡的。這時不要去打破他這個平衡。前面兩個人一個是陰盛一個是陽盛，要把他們過度的那一面往下壓一壓，讓他們達到一個相對平衡的狀態。這就是「恒也」。

第四節　弗始弗有，弗侍弗居

【萬物作而弗始也，生而弗有也，為而弗侍也，成功而弗居也。】「作」是興起、生長、開始。「萬物作而弗始也」，萬物開始生長的時候，真正的大道、天或者聖人不會管，讓它們自然生長，不去干預和安排。沒有什麼對或者錯，萬物長得高矮疏密不同，必有它自己的道理，天不會去控制。因為宇宙裡沒有固定的標準說必須要長成什麼樣子。

學了《道德經》的大道之理，就明白平時應該怎麼做人做事。你要做什麼事，怎麼開始做，其實都沒有固定的標準，只有適合不適合。要看現在的天時地利人和，適不適合你做這件事。如果適合，你想做就去做。如果不適合，你做也做不成。

聖人通大道之理，有大智慧。所以別人一定會請教他，應不應該做某件事。其實聖人不知道應不應該做，反而是當事人自己最清楚。所以聖人「行不言之教」，他不會說你問的這件事必須按他的標準來判斷，能套進他的標

準裡就可以做，這樣說的人絕不是聖人。聖人必是「居無為之事」，當你困惑的時候，在你頭腦中沒有概念的時候，他什麼都不會跟你說。當你有概念，而且過分強化它的時候，他才會明確地告訴你行或者不行，那是針對你個人的狀態。

有的人學了這段經典以後，別人問他什麼都不說話，以為這叫做「居無為之事，行不言之教」。這種人不是聖人，就是沒明白這個理。

佛祖為什麼是聖人？因為你還沒說什麼，只是問他，他就已經知道你的狀態了。他根據你的偏執與否來點化你，讓你平衡。他不是不知，「不言」也不是不說話，他也可能會說很多話。甚至有可能別人來問這個專案能不能做，佛祖一看他，直接就告訴他注意別被人騙了。被騙的一定都是唯利是圖、精於計算的人。如果看到他的狀態就是太過於相信別人，太唯利是圖，那麼當他問任何專案的時候，就告訴他別被騙了。這裡要把握一個原則，什麼時候閉嘴，什麼時候該說，都沒有一個所謂的標準。唯一的標準是在恰當的時候，對恰當的人說恰當的話。

我們要善言，要做善於說話的人，根據時間、環境和人的不同，說相應的話。我要想做到這一點，首先就要去掉心中所有的標準。當我的心中沒有固定標準的時候，內心純淨，也沒有固著的模式，這個時候我就能跟宇宙的萬事萬物相應，相應即是能感知。我沒有標準，但是我又隨時都有標準。因為我的心一旦純淨下來以後，我就知道當下應該守什麼準則。但是時間和環境一變，與我接觸的人一變，我的準則立刻隨之而變。我有準則，但是沒有固定的標準，都是在變的過程中。這就是「聖人居無為之事」，「無為」而無不為。

解讀《道德經》的第二章，能延伸出很多的東西。我只能做一個框架，拋一個磚來引大家的玉。你要去找那種感受，不能太固執，不能把我所解讀的每句話拿來鑽牛角尖，那你就學不了《道德經》了。

堅定又超然才符合陰陽定律

「生而弗有也」的「有」字，可用佔有來解釋。「生而弗有」，當萬物生長、發展壯大的時候，我不會把它據為己有。

比如別人做什麼事，我給了他幫助，但我也要保持一種「生而弗有」的心態。雖然我幫了他，但這件事是他自己去做去發展的，跟我沒有關係。這就是聖人的一種狀態。

我們自己做事也是一樣的。在這個時間點上，我想做這件事，起心動念就做了。我不去想對還是不對，也不是因為對才去做。我想做這件事，又適合做，那就做。至於做得成還是做不成，其實沒什麼。一切都在發展的過程當中，環境、時代和人隨時在變，沒有一定的，所以做事也不能說一定要做成。

你堅定地做這件事，按照計畫一步一步走，最後一定要做到什麼程度，其實這就固化、僵化了，這是有問題的。做人當然應該積極進取，堅韌不拔，但是這裡說的是一種心態。在現實中我該努力就努力，但是我的心態是「作而弗始也，生而弗有也，為而弗侍也」。

「侍」在很多版本裡都是「恃」，有恃無恐的「恃」。「為」，是我要堅定地去做這件事。「弗侍」，是我沒有過分地期待和要求。「為而弗侍也」，這樣的狀態就是「謀事在人，成事在天」。「成功而弗居也」，就算成功了，我也不會認為是因為我自己多麼厲害。

我是當事人，但是我隨時要保持一種超然的心態，置身於事外。只有這樣，我才能真正看到全貌。堅韌不拔地做一件事的時候，正常人很容易就執著於其中，癡迷於其中，無法自拔。「聖人居無為之事」，他既做事，又能保持一種「無為」的超然的狀態。堅定地做事，超然於事外，這就是把握陰陽轉化的過程。因此在做事的過程當中，要把握好這個原則，才能符合大道之理，陰陽之定律。

做事要「成功而弗居也」

范蠡就是非常好的例子。他年輕的時候想要有所作為，先投奔楚國，但不得重用。於是他跟著好友文種到了越國，服侍越王勾踐。後來吳國強大，成為春秋霸主，打敗了越國。范蠡又陪越王勾踐臥薪嘗膽、出謀劃策，回國之後拜為三軍統帥，最後一舉滅掉了吳國，功高至偉。但是范蠡頭腦清醒，當越國成為霸主之後，他馬上掛印出走，剛得到的功勳一天都沒有享受，任何賞賜都不要。

文種和范蠡一文一武地輔佐越王勾踐，兩人都功高至偉。但是文種就迷在事中了，想著戰爭剛結束，還有太多的

事要做。他想等國家安定了以後再走，到那時再回歸山野。范蠡告訴他：「那時就太晚了，你會走不了。」文種不一定是貪圖榮華富貴，但是他就被事務糾纏住，覺得應該再做一段時間。結果勾踐不給他這個時間，一杯毒酒就賜死。

其實歷史上有太多這樣的例子了，比如那些功高震主的人，立了大功，做了大的貢獻，但是後面都沒有好下場。只有真正修道的人，往往能夠全身而退，既立了大功又能得善終，這是很不容易的。在現實中也是這樣，你能否既做這件事，又超然於事外？超然於事外才能看到全貌，你才真的能夠把握自己的命運，不被事情捲進去無法自拔，這就是道家的智慧。

張良也是有名的得到了真傳的道士。在輔佐劉邦的過程中，張良是軍師。他不僅僅是足智多謀，他的道術都是真功夫，幫助劉邦改天換地。他如果不走，下場就會和韓信一樣，功高震主，不得善終。張良瞭解劉邦，范蠡瞭解勾踐，這樣的君主在消滅了敵人以後，眼中最大的敵人就是跟自己一起打天下的人。

「成功而弗居也」，這句話不是說跟老闆創業成功了就趕快跑，這可不能當成固定的標準。歷史上也有很多功臣一生榮

華富貴，而且能得到善終。並不是所有的君主都會殺功臣，秦始皇是不殺功臣的，唐太宗李世民對功臣都很好。漢光武帝劉秀也沒有殺功臣，建國立朝之後，對功臣及其子孫都非常好。所以針對什麼人，說什麼話，做什麼事，看什麼時機，做什麼決策，普天之下沒有一個固定的標準。

「成功而弗居也」，不管你去輔佐什麼人，這都是你應該保持的心態。很多人功高至偉，為什麼會被殺？比如年羹堯，他是成功了，但是以此自居。他凱旋回朝，皇帝用了隆重的禮儀去迎接他，那是給他面子。可是他見到皇帝卻不下馬，高高在上，意思是「沒有我，你什麼也不是」，這就是居功自傲。皇帝對他百般忍耐，但是他做事不知分寸。將士們入朝接受封賞，皇帝讓將士們坐，沒有一個人動，都只看著年羹堯。年羹堯說「坐吧」，將士們才敢坐。他在皇帝面前這樣不知恭敬，以下犯上，不就是得死嗎？

所以在做事的過程中，從始到終都要秉持這樣的心態，這才是符合智慧的，也是學習經典的意義所在。我們做事必須結合兩種狀態，現實中的積極努力和超然於物外，陰陽結合。

「夫唯弗居，是以弗去」。「去」是消滅。因為你在做事

的時候能把握，「弗始」、「弗有」、「弗侍」、「弗居」
這種心態，「是以弗去」，你才不會被破壞，才會長久，才
能長遠的成功。

　　這段經典裡的涵義很多，我只能用貧乏的語言，粗略
的、框架式地來解讀。這是我的一家之言，僅僅是拋磚引玉。
《道德經》的解讀是仁者見仁，智者見智，因為每個人的深
度、領悟力、功力不同，解讀都不一樣。《道德經》是立體
的，是整體的，用語言不可能在各種方面都解讀到位。經典
一定要知其意，而不是解其字。你也要有自己的解讀方式，
放下字面上的東西，你就能往深裡去感受，去領悟它的涵義。

第四章

為無為，則無不治矣

——《道德經》第三章

什麼是天道？

要理解《道德經》的天道概念，先得從《易經》著手。

當天道落地在人間，

我們可透過儒家的人倫來理解何謂天道的實踐。

第一節　有為之治，知者不為

《道德經》第三章

「不上賢，使民不爭；不貴難得之貨，使民不為盜；不見可欲，使民心不亂。是以聖人之治也，虛其心，實其腹，弱其志，強其骨，恒使民無知無欲也。使夫知者不敢為也。為無為，則無不治矣。」

這段涉及的是治國。《道德經》八十一章基本上分為三類，論道、治國和修真，修真也叫做「修身」。八十一章基本上都是片段，沒有用大篇文章統一的論道，也沒有邏輯的論述治國和修真。這就是《道德經》的難解之處，它沒有邏輯，都是分散的論述。比如這一篇講治國，下一篇可能就是論道，前後沒有一點關係。所以說《道德經》不是老子按照他個人的邏輯寫出來的。

從碎片看出整體

聖人寫出來的文章一定是有邏輯的，就像《易傳》，那是孔子對《易經》的論述和解讀，那十篇文章就有著非常嚴

密的邏輯。《道德經》這樣的文章絕不是老子一個人寫出來的，因為人是不可能這樣寫文章的。它只能是語錄，不是老子寫的，而是他記錄的。自古以來解讀《道德經》的人很多，都是硬性而勉強的把各個章節串起來，形成了自己的一套所謂的邏輯線條，其實是非常牽強附會的。

所以解讀《道德經》這八十一章，不可以把每一章都按照邏輯去牽這個線條，因為它本來就不是有邏輯的。但在這八十一章裡面其實又有大邏輯，這個大邏輯就叫做「整體性」。

中華的道學和文明發展都有這個特點，都是從一個整體出發，按照一定的規律來分支和延伸。不管分支到什麼領域，不管延伸成了多少碎片，它都有一個共同點，就是任何一個碎片中都包含著整體，而且這個整體是亙古不變的。所以在《道德經》裡稱為「恒也」，亙古不變。道是不變的，道的規律也是不變的，然後它在各個領域應用的時候又千變萬化。一個是恆，一個是變，這就是中華文明的一個特點。

《道德經》的一章或一兩句話一定是碎片，問題是我們怎麼能從碎片當中解讀出整體。當我們從碎片當中解讀出了整體以後，就知道碎片在整體當中處於哪個位置或者環節，就能承

上啟下，知道它的涵義是什麼。所以解讀《道德經》一定不能從字面上去解讀，也不能牽強附會的給它加一條邏輯的線。而是要掌握的是整體的大邏輯，碎片當中有整體，透過這種模式來解讀道德經。

整體就像大海，所有的碎片就像大海中的一滴水。每一滴水一旦離開了大海，單獨拿出來都是個性化的，這是碎片。但是每一滴水都源自於大海，它也包含著整個大海的共性，所有的特徵資訊都在它裡面。

從字面理解的聖人之道

【不上賢，使民不爭；不貴難得之貨，使民不為盜；不見可欲，使民心不亂。】前一章強調「聖人居無為之事，行不言之教」，其實這一章就是對這句話的解釋。

聖人在大道的指引下，怎麼去做才叫「居無為之事，行不言之教」？聖人應該怎麼來管理和統治他的子民呢？「不上賢，使民不爭；不貴難得之貨，使民不為盜；不見可欲，使民心不亂」。從字面上去理解的話，就是做到這三點，百姓的心態就是平和的，就「不爭」、「不為盜」、

「不亂」了，這樣天下就太平了。

其實第三章的這段話是非常難解讀的，從字面上解讀必是失之毫釐、謬以千里。

【是以聖人之治也，虛其心。】以下從字面解讀聖人該如何治理百姓。第一個手段「虛其心」的「虛」就是弱的意思；「心」代表人的本質、本體，或稱為精神。人找到了這顆心，就等於找回自我。「虛其心」就是弱化百姓的心，使之虛無、空無，讓百姓找不到自己的心，找不到就是「迷」。「實其腹」的腹是吃的意思，在現實中吃飽，也就是讓人注重物質。從字面來解讀這句「虛其心，實其腹」，意思就是不讓百姓去感受精神、本體和本質，不讓他們充實真正的力量，只讓他們追逐物質方面的利益。

「弱其志，強其骨」的「志」是願、「骨」是身體，這兩個詞也是一對。「弱其志」，不讓百姓擁有高遠志向，讓他們少想事情。「強其骨」，讓百姓動起來。「骨」和「腹」指的都是現實，讓百姓奔波於對物質利益的追求。

【恒使民無知無欲也】一直要讓百姓無知無欲。這個

「無欲」一定要配合前面的幾句話來理解。這個「欲」是追求圓滿、追求精神昇華之欲，「無欲」是沒有這個「欲」。「無知」就是無智、沒有智慧。智慧不是體現在對現實物質利益的追求上，而是用來獲得出世間的精神大圓滿，以達到彼岸。所以這個「無知無欲」，就是沒有出世間的智慧，也就是沒有精神上、心靈上成長的需求。

「恒」就是要讓百姓一直這樣追求物質，不讓他們涉及本體以及精神。把百姓當成奴隸，讓他們起早貪黑的工作就是為了果腹，就是為了滿足物欲，別讓他們想太多。

前面就是在字面上解讀第三章的結果，但這是老子所說的真實的涵義嗎？聖人應該這樣來治理國家和子民嗎？第三章在《道德經》裡是最難講的一章，也是歷史上解讀《道德經》謬誤最多的一章。雖然在字面上解讀出了這些涵義，但在治國之道和帝王之術當中，這些觀念也是最低級的，根本就不是高境界，不應該出現在《道德經》裡。每一句從字面上解讀都是有漏的，不圓滿的。真正的聖人不應該是這樣的。

從字面解讀「不上賢」

【不上賢，使民不爭。】這裡的「賢」是賢明之意，賢明就是有德有能的人。「上」通尚書的「尚」字，是強調、強化、尊崇的意思。這句話從字面來解讀，就是：身為帝王，不要遵從或者推崇有德有能的人。不因為有德或有能而提拔誰、獎勵誰，百姓就不會為德而爭，也不會為能力而爭。大家都不爭了，天下是不是就安了？這句話聽起來好像有道理，好像是無為而治。爭就是不好，怎麼能讓百姓不爭，讓他們靜下來？那就「不上賢」，不在百姓當中選拔賢明，大家就都不爭了。

讀《道德經》讀到這裡的時候，心裡一定都有疑惑，這個觀念太低級了，這是聖人說的話嗎？在現實中，企業或者國家能不選賢任能嗎？精英一定是透過競爭而選拔出來的，透過考試、展示能力或是比拼業績競選出來。「不上賢」，如果按照字面上的意思，這些選拔人才、比較業績的方法都不用，百姓安心的同時也就沒有鬥志了，也沒有力量和動力了。

所以「不上賢」這一句，絕不能用字面去解讀它。它的背後必然帶著深意，這就是解讀《道德經》的難度所在。不是什麼人都能解讀《道德經》的，一定得是修道的人才能解讀得了，解讀的水準取決於修道的程度和深度。從字面上去理解它，就會理解偏。如果按字面的意思來管理企業和國家，不選賢任能是沒法治理好的，這是有問題的。

從字面解讀「難得之貨」

【不貴難得之貨，使民不為盜】。為什麼民要「為盜」？因為有比較。「難得之貨」，珍稀之物就有價值，價值就有高低。所以民心想走捷徑，都想要付出少回報高，就會不擇手段的搶奪價值高的東西。有了高價值的東西，大家才會去搶，物欲來自比較。

世間的物基本上分為兩大類：一大類是日常用品，有實用性；另一大類是奢侈品，沒有實用性，但是能在心理上滿足人的需求。奢侈品的價值高，可以顯示出擁有者的地位、身份與眾不同，高於常人。但奢侈品的目的不是實用，不具備實用性，就是給人一種精神感受。

如果從字面上解讀「不貴難得之貨，使民不為盜」，就是注重商品的實用性，讓民眾的心不被物欲所癡迷，不讓民眾去追求「難得之貨」這些高價值的商品。要是在現實中按字面理解去做，我們就不提倡奢侈品，只注重實用性，注重物質而不注重精神，物質方面還要偏重實用性。但是這樣理解對嗎？什麼叫「難得之貨」？「貨」可不僅僅指商品。書籍、對精神領域的追求、對心靈圓滿的追求，其實都可以叫做「難得之貨」。

從字面解讀「慾望」

【不見可欲，使民心不亂】。「可欲」是欲望，願望是從欲而生，欲是最本質的東西。這一個「欲」字，左邊的「谷」代表著食物，右邊的「欠」代表著家裡有人，人在家裡生孩子。人最基本的欲就是從食和色裡面來，源自於生存和繁衍的需要。

「不見可欲」，這些欲望不要呈現出來，這樣民心就不亂了。因為欲望愈強烈，百姓就愈會去爭鬥和搶奪，欲望是一切惡的前提和基礎。

如果從字面上這樣解讀，「欲」肯定是不好的，不讓它顯露出來，百姓就沒有爭鬥了，民心就不亂了。不提倡不實用的奢侈品，老百姓就沒有盜心了。不去任用賢能，百姓也就不爭了。

即使是不修道的普通人，能認同這三句話嗎？「不上賢」，社會就沒有精英。「民不爭」，但「爭」也是力量的一種呈現。想做到「不爭」、「不為盜」、「不亂」，就是把「爭」、「盜」、「亂」定義成禍害，認為這三件事就是惡的。但，聖人講的是這個意思嗎？？

只從字面解讀就會得出愚民政策

【是以聖人之治也，虛其心，實其腹，弱其志，強其骨，恒使民無知無欲也。】千百年來，多少帝王就因為這一句話而走入誤區，實行愚民政策，讓民眾只為了生存去拼，不讓他們獲得啟蒙的智慧。尤其是法家的統治者，上臺就獨裁，用愚民政策固化百姓的思想，不讓大眾去打開智慧，不做啟蒙教育，還要殺知識份子。因為知識份子是老師，是傳道的人，必須殺。同時統治者又控制百姓的腹，

也就是控制食物，把百姓的生存掌握在他的手裡。這樣百姓全都得聽他的。

但，有智慧的人就是有志氣，看問題的高度不同，他不僅為生存而活，也為昇華而活。所以，粗暴的低層級統治者對於這種人就沒辦法了。就算控制糧食，甚至殺了他，有智慧的人在死後也會讓統治者留下萬古罵名，這點是統治者害怕的。

自古以來用愚民政策的統治者，基本上都沒有好下場。他會讓歷史倒退，而且會給國家甚至人類帶來劫難和危害，最後都會留下千古罵名。所以在解讀這一段話的時候，真的要好好領悟。

《道德經》第三章的真正意涵

【使夫知者不敢為也。】這一句就把前面說的全否了。「知」是智慧。聖人就是智者，真正有大智慧的聖人，絕不敢用這種方法去治理國家和民眾。看《道德經》，沒法借鑒前人的一些注解，因為他們認同前面說的那些話：「不上賢」、「不貴難得之貨」、「不見可欲」、「虛其心」、「實

其腹」、「弱其志」、「強其骨」、「恒使民無知無欲」。但是到了「使夫知者不敢為也」這句就沒法解讀，因為這一句就把前面那些話全都否定了。

【為無為，則無不治矣。】前面那些話都是「有為」，如果那樣做事，就是不通道的無知者，是沒有智慧的凡夫俗子。這種人如果當上了帝王或者領袖，必然會讓生靈塗炭，讓整個時代倒退。所以聖人最後給出了正確的答案：「為無為，則無不治矣」，這才是最高境界。

使民不爭與鯰魚效應

為什麼前面的這些方法，在治國這方面不可取？這就是要探討和解讀的。從表面看似乎有一點道理，「不上賢」、「不貴難得之貨」、「不見可欲」，感覺好像君王很清淨，百姓自然就靜下來了，然後不爭、不鬥、不亂、不盜。但是請細想下來，是那麼回事嗎？

在西方有個定律叫「鯰魚效應」，據說是以前漁民出海打魚，幾天後回來的時候，船上的魚會死掉很多。只有一艘漁船回到海港時，船裡的魚都還是活蹦亂跳的。後來大家才知

道了這個祕密，船上的魚在水裡是擠在一起不動，不動就沒有活力，很多魚自然就死了。而這艘船的漁夫在捕魚之後，一定會放一條鯰魚進去。來了這麼一條亂竄亂咬的魚，就給所有的魚帶來了恐懼，大家都得逃。在遊動的過程中，大部分的魚就能活下來，它們生存的意志也更強，這就叫做「鯰魚效應」。任何事物都有兩面性，企業要想有活力，民眾要想更好地繁衍生息，就得有「鯰魚」讓大家鬥起來。人因鬥而動，動就有活力，不會是死水一潭。

任何一個國家或者企業都是這樣，要想真正的成功，必須有競爭和衝突，當然這要把握一個平衡的原則。如果一點衝突都沒有，就是走極端了。衝突太大，鬥爭得太激烈，那就是另一個極端。兩個極端都不行。絕對不可以「使民不爭」，這不是統治者最好的治國之道。要使民爭起來，還得掌握一個原則，不能過分，這才符合道的規則。

後面說「使民不為盜」。「盜」代表機巧、走捷徑，會想辦法。「民不為盜」就是完全地安分守己，規矩做事，但這樣還有創造力嗎？所有的創造其實都是在打破規則，打破固有的、僵化的格局。但這種打破也不能過分，要有基本規範。如

果打破了基本規範，那就不是創造而是破壞了。

創新和創造都是由「盜」而來。人首先要有「盜」之心，然後才會想辦法，去衡量規則和法律，打擦邊球。怎麼樣既能破除行業、技術、專案的約束，又不違反大的法律法規？他就會去找這個點，在找的過程中把握握，由此來創新和創造。

掌握任何事都有一體兩面的道理

創新和創造的動力，其實就是「難得之貨」。我如果做出了高價值的產品，就能賣個好價錢，就能發財。比如蘋果手機就是「難得之貨」，因為它貴、品質好、功能強，還在不斷地創新。因為有了「難得之貨」，而使民眾生出物欲。又因為有了物欲，就能激發一部分有聰明才智的人去創新和創造，在這裡稱為「盜」。

任何事情都有兩面，這就是大道的規律。如果大家都沒有「盜」之心，就只會生產日常的用品，還把利潤的範圍都給規定好了，不能太高。中國古代就是這樣，把那些創新創造，包括機械的發明、動力的發明、能量的發明，都叫做「

奇技淫巧」，都不允許。老百姓只能做士農工商：第一是士，
讀書人；第二是農，種地和織布，男耕女織，地位僅次於讀書
人；手工業者叫工，包括發明創造者和能工巧匠；商人是社會
最底層，什麼都不創造，投機取巧、倒買倒賣，獲取中間的差
價，這是古人最瞧不起的。

工是在士和農下面的。中國的古人不重視工，就和這句
「不貴難得之貨，使民不為盜」有關係，其實是理解錯了。因
為古代的生產力極低，生存是第一位的，要先解決溫飽問題，
把大多數的社會力量都集中在耕和織上是對的。但是現在的社
會發達了，溫飽已經不是問題了，我們的觀念也應該轉變。

士永遠是第一位，萬般皆下品，唯有讀書高。讀書可
以打開智慧，讓自己的心靈成長。第二位是工，搞實業叫
做「工」。然後是農，然後是商。商還是在最低，商人不創
造，只是空手套白狼 (註)。當然商也是智慧，比如搞金融。金
融玩的是資本，也是實業的血液，不可或缺。一個國家要清楚
應該重工還是重商，傾向性很重要。

＊註：空手套白狼，比喻那些不做任何投資到處行騙的騙子所用的欺騙手段。

這段話如果從字面上來解讀，說得都挺絕對的，尤其是後面的「虛其心，實其腹，弱其志，強其骨」。治理國家可以這樣嗎？後面《道德經》直接告訴我們不能這樣做「使夫知者不敢為也」，應該「為無為，則無不治矣」。所有的術都是方法和手段，皆落下品。術要想用好，一定要先掌握道。君主要想治理好國家和民眾，就必須符合道統，做到無為而治。「無為」只是過程，結果是「無不治」，這是國家治理的最高境界。無為而治就是方法，是最高的術，它源起於道。

第二節　無為之治，三才聚合

前兩章著重什麼是道，其實道講不明白，你也聽不明白，就感覺道是混混沌沌，說有還無，說無還萬有。道本來就是搞不清楚的，搞清楚了就不叫道了，關鍵是道怎麼落地。老子只是從上古先聖留下來的典籍裡，截取了這麼一段而已。這都是先聖的語錄，僅僅從字面上是沒法理解的。

怎麼做才是「為無為」？你必須通達大道之理。天有天道，地有地規，人又有人事，你必須都通達，才有可能解讀得深透一點。這裡講的是「聖人之治」，就是為君者應該怎麼做，才上合天道，下應地規，中通人事，然後又能無為而治，最後達到「無不治」的效果。

《道德經》裡面論道的章節很多，但基本上都是朦朦朧朧的描述，只是種感受，並沒有直接的具象表明。

當然，老子也表明不了道。從道到落實應用，其實就是兩方面，一方面是修身，一方面是治國。老子在《道德經》裡面講道和落實的應用，中間少了一層天梯，就是道如何轉化、向下發展的規律。這個規律就從道開始，無極生太極，

太極生兩儀，兩儀生四象，四象生八卦，然後落實在生活。

老子講了很多陰陽的定律，就是無極、太極以及兩儀。陰陽是一切有形之物的基礎、根基、第一要素。但是陰陽是怎麼轉化到四象、八卦、六十四卦，然後形成了萬事萬物？這個過程在《道德經》裡基本沒講，具體、具象的規律性的東西都沒有。所以在解讀《道德經》的時候都很困惑，道是怎麼落實在生活中？

比如第三章「聖人之治」，講聖人怎麼治國就一句話，「為無為，則無不治矣」。怎麼「為無為」其實是有具體的方法的。而這個方法，一定是以掌握規律為前提。你一定要掌握了道化生太極、太極生兩儀、兩儀生四象、四象生八卦的規律，通達了這個規律，然後才能落實到怎麼治國、怎麼修身。

但是《道德經》裡沒有從陰陽到四象、再從四象到八卦的這個過程。它講了很多道，又講了很多陰陽的定律。但是陰陽如何轉化，三才、四象、五行、六合、七星、八卦、九宮，到九宮就是落實在生活中，這個中間的過程它沒有講，讓人無從解讀。道是天，天高而至遠，虛無飄渺，摸不著也看不見，

只是一種籠統的感覺。治國和修身就是地，一下落到地上應用。《道德經》裡沒有天與地相連的天梯，也就是少了這些轉化落實的規律。所以自古以來，凡是不注意或是不通達這部分的人，解讀《道德經》都是含含糊糊、模棱兩可。他只能從字面上解讀，解讀完了連自己都糊塗，反正道是說不清道不明。

道德經，易經與孝經的關聯

其實，之所以會這樣，是因為中間少了一個環節。

由道而落實，這中間的環節就在《易經》裡面。《易》講的是變化，不是天之道，而是地之規。天這個層級是恆常不變的，天規不變。變是地這個層級在變，山河大地、日月星辰是隨時都在變的。《易》把這個部分補上了，所以我們要從《易》去掌握具體的規律。

人怎麼知天之道、知地之規，又怎麼作用在人和社會上，這一塊是儒學補上了。天之道是恆常不變的，人只能順天。你要是逆著天道而為，叫做「逆天而行」，必遭不測，必遭天譴。地規是變，現實世界最基本的規律就是變，變化無窮，人就得應地的變化。

　　人在天地間，上順天之道，下應地之規，中通人事。恆常之天道，以及大地無窮的變化，都體現在人類社會。所以天、地、人都在人類社會有所呈現。人居天地之間，要做到上順天、下應地，人才能做好，這就是人倫之道。《道德經》講的是天之道。《易經》揭示的是地之變化規律，是現實世界中千變萬化的規律。儒學的經典教導人要怎麼順天應地。所以經典裡面最重要的就是這三部經典，《道德經》、《易經》、儒學十三經裡最重要的《孝經》。《孝經》就是典型的順天應地，講人應該怎麼做，從哪開始做。所有儒學的經典都是由《孝經》延伸而來，只不過是角度不同、方向不同、深度不同。所以這三部經典，《道德經》、《易經》、《孝經》，涵蓋中華文明之天、地、人三才。

　　你要想讀懂任何一部經典，就必須通達另外兩部經典，這才能構成一個整體。只研究《道德經》，你用幾十年也研究不明白。只研究《易經》，你根本不知道它在說什麼，要怎麼應用。儒學源自於天道和地規，你對天道地規都不通達，怎麼研究儒學？

　　孔子師從於老子，老子傳授他《道德經》的天之道。他

在五十歲以後領悟了《易經》，又領悟了地的變化規律。然後孔子再結合人事，形成了儒學的體系，有了大成。

天不生仲尼，萬古如長夜

孔聖人是中華文明之集大成者，是中華文明承上啟下的非常重要的一個樞紐。上是上古先聖傳下來的這套文明，下就是後世的炎黃子孫。如果沒有孔子，我們就看不懂這一套文明，它就無法在人世間落實實踐。到了孔子這裡，中華文明才是天地人真正合一，才可以起用，才能稱為一整套的智慧體系。如果沒有孔子，我們就不知道《易經》和《道德經》說的是什麼，跟我們有什麼關係。所以說，「天不生仲尼，萬古如長夜」。要解讀《道德經》，必須配合《易經》，也必須配合儒學的經典，才能夠讀懂《道德經》。

聖人治理天下，到底怎麼做才叫「為無為」？「無為」可不是無所作為，「為無為」者必是上順天之道，下應地之規。作為一個治理國家的君主，或者管理企業的企業家，要把「無為」落實，首先就得知道天道。

人間君主也要順應天道

一片混沌無形無象，卻又包含著萬有，那就是道。道一開始演化就分了陰陽，也就是分了天地。天道是天之道，千萬不能把天道和道給混淆了。天道虛無、高遠、寧靜，看不見也摸不著。日月每天東升西落，日夜更替，星辰看似寂靜，好像給人一種很寧靜的感覺，這就是天的特性。

天道虛無，可是大地的眾生，不論是動植物還是人，都離不開天，離不開太陽的普照。天看似高遠，其實時時都起著作用。大地經常在動，山河變遷，地震、火山噴發、洪水氾濫。但是在動的過程當中，大地又是最包容的，可以容納一切，眾生離地最近。人居天地之間。在人群中，也有按照天地人劃分出相對應的代表，比如君主代表著天，整個社會代表著大地，社會中的每個人甚至每個家庭就代表著人。

「聖人之治也」，這一段就是在講為君之道。

【為無為，則無不治矣】。但是，為君之道也有延伸，在國家裡君主是天，在企業裡老闆是天，在家庭裡父親是天。這一層層投射下來，就是把天道投射到人間。這幾個投射的

位置必須順天之道，不符合天道就亂了。怎麼順天？我們先要知道天是什麼。大道無極，一片混沌，太極一生兩儀自來，天代表的就是兩儀當中的陽。

在《易經》當中有八卦，把天道與地規說得很透，而且很具象。八卦當中有天、地、風、雷、水、火、山、澤。先分天地，乾卦代表著天道，坤卦代表著地道，中間的風雷、水火、山澤三對就代表著人道。在天地之間，人的變化就取決於這三對。風和雷互為陰陽，水和火互為陰陽，山和澤互為陰陽，這就是規律。要學《道德經》，首先必須要把《易經》學通，否則你根本不知道《道德經》講的是什麼。

在《易經》裡把天道大概解讀清楚，你就知道了《道德經》這一段寫的是什麼，怎麼落實運用。孔子作《易傳》，作了十翼，就是在解釋《易經》。十翼當中有繫辭 (註)，有上下傳，揭示的就是天道地規的這些規律。

孔子在繫辭傳裡面描述：「《易》與天地准，故能彌綸天地之道」。「《易》與天地准」，就是根據天道、地規這些

*註：繫辭，就是在《易經》這一套八卦圖案的底下用文字加上的註解。

準則而產生了《易》。「故能彌綸天地之道」，所以它能把天和地講得清清楚楚，無所不包地涵蓋天地間的道理。「仰以觀於天文，俯以察於地理，是故知幽明之故；原始反終，故知死生之說；精氣為物，遊魂為變，是故知鬼神之情狀。與天地相似，故不違；知周乎萬物，而道濟天下，故不過。」

《易經》的出現，就是揭示天地之道。這個道不是最原始的大道，而是規律。為君者就要循天之道。《易》當中的乾卦，天道生養萬物而不言，萬物不可能離開天。同時天又是至公而無情，最公平、最無情的就是天，大道無情勝有情。世間眾生都是在天的普照下生養出來的，但是天不管任何眾生的死活。天實際上是無情，但是無情怎麼又有情？我們得通達這個理，才知道什麼是無為而治。君主要像天，企業的老闆要像天，家裡的父親要像天，我們先搞清楚天是怎麼運行的，就知道在人間怎麼去落地。

天有天道，天之規恆常不變。天看似虛無，至高至遠，它按照自己的規律亙古不變地運行著。天不是無形之物，比如日月旋轉、晝夜更替、四季交替就是天道在運行。星辰的起落，星系、星雲、星座，都是按照恆定的軌跡運行。晝夜

更替，四季交替，都是不變的。

只有順天才能長久安樂

天是至公，不會因為任何事物而去改變它的規律，也不會為了任何眾生的生命而變化，這就是天至公而無情。所以人不能逆天，作為個體只能順天，日出而作，日落而息，冬裘夏葛，春種秋收。人只有順天，才能夠長久和安樂。不僅是人，世間的萬物都得順天。

天的陽光普照大地，日月星辰、晝夜更替、四季變更，對所有的人都是至公，對萬物都是平等的。天生養萬物，不求萬物感恩，不對萬物做任何要求，也不會為任何一個個體的生命而去改變，大道就是無情。萬物順其自然，自生自滅。

無為而治，這個「無為」不是什麼都不做，是不做那些不該做的事。天應該做的事，就是定好了這一套規則，就按照規則分秒不差地去運行，保持它的恆常性。講天道，就是在說君主應該怎麼做。天有一套亙古不變的軌跡，即是規律。君主是人中之天，也有一套亙古不變的軌跡，所以君王也得學天。

天的運行，晝夜的更替，四季的交替，一定是遵從陰陽

的定律。陰陽從無極而來，無極、道乃萬物之始，太極乃萬物之母。道是陰陽之家，陰陽變換的規律必是遵從它的根，那叫做「歸宿」。

透過易經來認識天道

《易經》裡繫辭傳的開篇：「天尊地卑，乾坤定矣。卑高以陳，貴賤位矣。動靜有常，剛柔斷矣。方以類聚，物以群分，吉凶生矣。在天成象，在地成形，變化見矣。」

「天尊地卑」，一旦天地成形，天在上地在下，貴賤就定了。天為貴，地為卑，這就是恆常不變的定律。天尊地卑，落到人間就是等級。等級一定下來，「乾坤定矣」，大勢就定了。所以要把天道落入人間，首先要定好等級。家有家的等級，企業有企業的等級，社會有社會的等級，國家有國家的等級，這是從《易》呈現的天道而來。

「卑高以陳，貴賤位矣」。想定大勢，就必先定等級，先把天分出來。做君主、做老闆、做父親的就得學天。天是虛無而高遠，至公而無情，普照大地而不求感恩，生養萬物而不做任何要求。天覆蓋於萬物之上，沒有任何生物能離開天。但是

天不去控制萬物的生長，只按照自身的規律去做應該做的事，這叫做「至公」。這就是「聖人居無為之事，行不言之教」。

孔子在《孝經》裡明確地提出，做君主、做老闆、做父親應該怎麼做。《孝經》都是從《易》而來，講人應該怎麼順天、怎麼應地。中華的孝是從道而來，落實在人間去運行。這裡面講的是治國之道，也是治家之道，同時也是修身之道。

「動靜有常，剛柔斷矣」。「動靜」是大地，地有地之規，「動靜有常」就是它有變的規律。「剛柔」是指人按照這個規律而來。「剛柔斷矣」，人倫之道就得符合這個，這叫做「順序」。因此才會講：「方以類聚，物以群分，吉凶生矣」。

人間君主也要順應天道

到底怎麼做君王，怎麼做老闆，怎麼做父親，什麼才是應天？用最簡單的話來講，就是遵守孝道。孔聖人研究透了天道與地規，然後作用於人倫，怎麼能符合天道地規，怎麼順天。孝就是第一順天，孝講的就是等級，其實就是「天尊地卑」。等級一定，大的方向就定下來了，就是「乾坤定矣」。

　　為什麼不要去「不上賢」、「不貴難得之貨」、「不見可欲」、「虛其心」、「實其腹」、「弱其志」、「強其骨」？因為君主認為老百姓就應該成為什麼樣的人，就應該向哪個方向發展，就應該統一思想為一個目標去努力，這些就是天在干預和要求眾生的生長與發展。比如說我是天，萬物都因我而生養，我就是萬物的主宰，我說這棵草長得太小，那棵樹長歪了，山長得太高了，萬物都得向一個方向去長。如果天這樣做，天下萬物就沒有自由了，就會成為天控制的對象。那就是天道失常失衡，最後整個宇宙都會崩塌毀滅，是不可以的。

　　天道是虛無高遠，所以《韓非子》的帝王學告訴我們，做帝王首先要「虛靜以待」，「令名自命」，「令事自定」，這就是在學天。中華真正的帝王之道，就是看天是怎麼做的，就跟著做，這就是順天。

　　老闆對下屬也是一樣。老闆要虛無高遠，和下屬保持距離。天既有恩，普照天下，生長萬物，同時又有威。恩威並濟，獎罰分明，就是順天者賞，逆天者罰。比如說在冬天，順天就應該穿厚衣服，儘量深藏在家裡，冬主收藏是規律。如果你不按照這個規律做，就要逆天，穿很少的衣服出去跑，迷路

了凍死了，是不是老天懲罰你？其實老天沒有懲罰你，是你自己作死的，這就是「天作孽猶可違，自作孽不可活」。在企業裡面是這樣，在家裡面也是這樣。

《韓非子》的帝王術就是順天之術，不是陰謀詭計。「令名自命」，「令事自定」，規則已經在這了，就順著來，臣子該做什麼就做什麼，帝王不用管太多。做老闆也是，讓下屬各司其職，各謀其政。順天者受獎勵，長生、健康、富足、幸福，逆天者亡。

國有國法，家有家規，企業裡也有規章制度，立好規矩，然後讓大家自己去運營。老闆不要去要求員工，不要讓全體員工去統一思想。一旦統一思想了，就把所有人的思想給禁錮了，企業就沒有創新能力了。

為無為，則無不治矣

天不管萬物的生滅。草自然生長，樹自然競爭，山相互比高，還都以為是靠自己的力量成長的。其實沒有天，哪會有它們？但是它們把天忘了，都覺得自己在努力，主觀能動性 (註) 和

＊註：主觀能動性，又稱自覺能動性，是指人的主觀意識和實踐活動對於客觀世界的能動作用。

自身的潛力就能無限地發揮。

比如在現實中有計劃經濟，有自由經濟，還有過度自由的無政府經濟。在制定經濟政策的時候，怎麼能做到「為無為，則無不治」呢？天就是政府和君主，要給所有人定下公平的法規，穩定運行，不因某人而改變。社會的環境相當於是大地，大地總是在變，人心總是在變。但是天創造了法規以後，大家就可以在法規的範圍內創新，在範圍內怎麼發揮都可以，超出範圍就懲罰，這就是有政府、有法規的自由經濟。所以大家都有動力，都像小草一樣沐浴著陽光雨露蓬勃發展，還覺得是自己長的，既不感恩天，也不畏懼天。

計劃經濟就是政府完全掌控。這就相當於天命令所有的樹向一個方向長，誰也不許爭，長到什麼高度要按天的計畫來。萬物成了天的奴隸，讓它們幹什麼就得幹什麼，沒有創新的能力。天是主宰，把自己活活累死。最後的結果一定是天塌地陷，因為天不守天之道。

無政府主義就是完全放開，沒有天規了，這就意味著日月、晝夜、四季都沒有規律了。一旦沒有天道的規律，整個世界就陷入了混亂狀態，萬物就沒有可以生長的環境了。

達到天地人三才聚合狀態

這就是天道。所以君主的「無為」，就是只做好君主自己的事，把這一套規矩立好，別的都不做，任由下面的人去發展。在家裡做父親也是一樣的。孔子直接闡述了人要遵守的規矩就是孝。這一個孝可不僅僅是孝敬雙親，那是小孝。一部《孝經》把整個人倫之道，人應該怎麼上順天、下應地，寫得清清楚楚。只有孔聖人把天之道和地之規融合到人身上，中華文明才達到了天地人三才聚合的狀態。然後各朝各代的人才層出不窮，都是上順天、下應地、中通人事的人才。

瞭解什麼叫「為無為，則無不治矣」，就清楚君主該做什麼，不該做什麼。這裡講的就是如何治國，在國為君主，在企業是老闆，在家就是父親。父親對孩子的教育也應該是這樣，立好規範和基本的道德準則，「居無為之事，行不言之教」。父親定好準則以後，自己只是做榜樣給孩子們看，而不是嚴格地去教訓、控制孩子，要允許孩子有自己的發展方向和空間。

一棵樹不一定是往天上筆直地長就是對，也許一開始長

歪了朝向東方，到後面又長回西方，這都沒關係。天在蒼穹之中俯視著大地，任何一棵小草他都喜歡，茂盛的草原他喜歡，枯萎的草原他也喜歡，歪脖子樹也喜歡，荊棘叢生也喜歡。萬物各有各的生存之道，各有生存的意義，荊棘有荊棘的意義，參天大樹有參天大樹的意義。這就是「無為」，「為無為，則無不治矣」。

大漢及唐朝為無為而治最佳範例

參照歷史，大漢建立之初就是以黃老道學治理，用清靜無為、休養生息的方式，只用了不到一百年的時間，就從戰亂後的積弱貧瘠發展到了國富民強。老百姓特別有創造力，特別有力量，就是因為政府只做好政府的事。漢朝就是從孝開始做，從等級、順序、秩序開始，按孝來建立了政治的秩序和社會的結構。政府只守著這一套秩序，別的都不管，這就是休養生息，黃老之道。等到了漢武帝的時候，已經積累到國富民強，他這才開始勵精圖治，雄圖大略。

在大唐之前經過了上百年的戰亂，民不聊生，生靈塗炭，社會物資極度困乏。這時大唐建國，行的也是黃老清靜

無為之道，帝王和政府做的就是天該做的事。比如唐太宗很嚴格地要求自身。政府定了一整套的法規、等級、順序，在這個範圍內讓老百姓自由發揮，所以才出現了大唐盛世，鼎立天下。這就是「為無為，則無不治矣」。「為無為」，這種狀態執行了多少代以後，大唐又衰落了。這就是自然的規律。清晨是興起，充滿了朝氣。等到了中午，烈日炎炎，發展到了頂點。下午太陽西下。傍晚太陽落山，天就黑了。這個規律也是天之道，是我們影響不了的。人也別想去左右它，只能順應它而已。

第五章

萬物之宗

——《道德經》第四章

當天道落地之後，人該如何順應天道？

第四章教導我們做人做事

都要守中、和光同塵、允執厥中……

一切的途徑，最後都回歸到中華文化「一」的大原則。

第一節　中而用之，有弗盈也

《道德經》第四章

【道沖，而用之有弗盈也，淵呵，似萬物之宗。挫其銳，解其紛，和其光，同其塵，湛呵似或存，吾不知其誰之子也，象帝之先。】

《道德經》第四章是論道，跟前一章也不相連。既然道是虛虛渺渺、廣大無垠的，那麼要怎麼找到它，怎麼感受它呢？對於這個道，一般人無法具體地描述它，它也沒有時空中的確定的位置。《道德經》前面已經講了，任何事物只要有了確定的位置和形狀，那就一定不是道。真正的大道一定是無形無象的，盡虛空遍法界，不存在於任何事物中。但是道看似虛無，它又無處不在，又時時生出萬有。

說不清的「道」

一般人無法理解道。人腦如果能在意識層面理解什麼是道，人就已經昇華到佛的境界了。人的大腦功能只開發5%，有很大的侷限，所以才無法感知也無法描述境界太高深的東

西，那些超出我們的認知以外。如果人的大腦潛能完全打開了，就能感知到世界的真相，就知道了道是什麼。但這個感知也僅僅是一種體悟，不可能用人類的語言說清楚，這就是說不清道不明。

道不明的道，才是我們真正要去追求的道。雖然自己現在還無法理解這個道，但因為嚮往昇華、解脫和圓滿，我總得有個起修處、有個抓手，之後才能體悟真正的大道。真正對道的追求，即是對真理及宇宙真諦的追求，這是人天生就嚮往的。

老子之所以引用這一段上古典籍，就是在指引一條明路：我們作為人，應該怎麼樣去摸著道的邊，逐漸地走上修行之路，然後潛移默化地脫離凡人的狀態。我們之所以是凡人，就是因為大腦有侷限。在觀察和感受這個世界的時候，僅能感受到整個世界極其微小的一部分，無法超越我們的感知而形成所謂的智慧。所以世界分成了兩個部分，一個叫做「世間」，另一個叫做「出世間」。在我有侷限的眼、耳、鼻、舌、身的範圍內，我能感知到的世界就是世間。我感知不到的那個廣大的世界，就是出世間。所以我們要打開大腦的潛能，打破世間

侷限的狀態，去感知出世間的境界，看到出世間的真相。

不走極端，才能體會何謂道

【道沖，而用之有弗盈也】。「弗」就是「不」的意思。這句話，在不同版本中都不一樣。在流行本，這句話是「道沖而用之或不盈」。在帛書《老子》的不同版本，這句話的標點和用詞也有不同。我們採用的是和老子《道德經》整體比較貼切的版本。

道是無形無象、廣大無垠，我們感知不到它。所以老子才會引導說，道要從「沖」這個狀態去找，這就是「道沖而用之」。「沖」字也通「中」字，同時又通「虛」字。如果用「虛」字來解釋，道虛而用之有弗盈也，看似虛和盈是一對，自成陰陽，但是和《道德經》的本意還是有出入的。所以不能簡單地用「虛」來解釋。從字面上理解，虛基本上就等同於無，盈就等同於滿。一個虛，一個滿，就是兩個極端，這就很難解釋。但是真正的道並不是兩個極端，而在兩個極端的中間。道不能在虛無處找，要在「中」這種狀態中，才能感悟道是如何運行的。這就是「道

中而用之」，要在世間體會這個道，得用一個「中」字。

「有弗盈也」。「盈」是滿的意思，同時也是偏執的意思。「有弗盈也」，就是不要太偏，不要走兩個極端。儒學講中庸之道，禪學講不思善不思惡，道法講道中而用之，其實都是一回事，就是讓人不要走極端。

修行是知易行難的事

【淵呵，似萬物之宗】。老子在這裡感慨：「淵呵，似萬物之宗」。大道至簡，但裡面可深著呢！這就是萬物之始的根本，一切的萬有都從道而來。守中之道這個理，看似容易理解，但是知易行難。所以說「淵兮」，太深了。當你真的按照這個去做的時候，就會發現你不經意間就執著了，要麼偏執於有，要麼偏執於無。你一旦發現太執著於有了，太執著於有形了，你就要放下。但是你一旦放下了有，就變成了無，什麼都沒有了。你認為這就是放下，其實你已經走偏了。在現實中處理人事物的過程中，要做到「中」字太難了。你僅僅知道了這個理，和你真正能夠做到位，絕不是一回事。

《道德經》在論道方面都是教一件事，就是怎麼去找那個大道，怎麼能夠去體悟大道。但是《道德經》流傳兩千多年，有幾個人真正得道了？一般人都是給別人講道理時頭頭是道，講得既清楚又明白，但是真正做事的時候，完全無法按照自己說的道理去做事。所以說知易行難，真正的道是修出來的，而不是從理解中來的。

　　在學佛法的時候，曾說悟有三重境界，第一重是解悟，第二重是行悟，第三重是證悟。解悟是從理上解，從經典中解，理解就是知，這個容易。行悟是在現實中真的按照道理去做，這個難。如果我先明白什麼是解悟，再有了行悟，堅持行下去，到最後就能證悟。

　　在修的過程中，你修的不僅僅是一個理。當你按照正理去修的時候，物質結構的身體會有諸多的變化。我們的身體就是一個能量體，你修的是心，讓心的能量逐漸地打開釋放。心一變，你的形體是會變的。雖然外人看不出來，但是你自己知道已經改變了。這就是修行的宗旨。

第二節　和光同塵，守中之道

【挫其銳，解其紛，和其光，同其塵】。這裡是更加詳細的教導方法，怎麼樣遵循大道之理來修。「挫」可以解釋為挫折，也可以解釋為磨。「銳」可以是銳利，也可以是鋒芒、尖刺。「挫其銳」，磨平鋒芒，磨平尖刺。這句話沒有主語，「其」就是自己，不會是別人。

按照「一」的方針來修練自己

道、佛、儒都講修行就是修自己，自身的修行是跟他人沒有關係的。中華的文明，不管是哪個門派，最後一定都統一到一個理。佛經、道經、儒學的經典、法家的經典、墨家的經典、兵家的經典、醫家的經典，千經萬律闡述的道理就是一個——永遠不要向外去求，要向內去觀，改變的都是自己。當自己改變了，圓融了，和萬物之間的關係就圓融了。這就是中華文明的精髓所在，掌握好這個精髓就是掌握好了「一」。只要按照這個「一」的方針去貫徹和執行，就不會走偏方向。

在現實中處理人與人、人與事、人與物之間的關係，我

們去合「一」這個定律，就會從中得到智慧。把出世間的大智慧，用來處理世間紛繁複雜的事物，這就叫做「解其紛」。在現實中，人事物糾纏不斷，善惡、愛恨、情仇糾纏不斷，人和人千差萬別，各有所求。這怎麼能化解？很簡單，守中之道，中而用之。這就是「一」，用最簡單的方法和理去化解最紛繁複雜的事物，化腐朽為神奇。

守中之道的處世智慧

「挫其銳」是挫我的「銳」，「解其紛」是解我的「紛」。紛繁複雜而煩惱不斷，我要破解我的煩惱，首先就要做到「挫其銳」，挫折磨平我的鋒芒。我的銳氣和鋒芒露出來是會傷人的。如果人人都把鋒芒給露出來，那就會互相傾軋，互相傷害。所以修道的人首先要注意的是收其鋒芒，挫其銳氣。「其」就是自己，把自己的鋒芒和銳氣藏起來，但是這不代表著我沒有鋒芒和銳氣，這要搞清楚。

守中之道，可不是說鋒芒和銳氣不好，也不是讓鋒芒和銳氣消失就昇華了。你如果認為鋒芒與銳氣是不好的，就理解錯了，從一個極端走向了另一個極端。任何事物必有兩面

性，你不能絕對化的說鋒芒和銳氣就是不好，也不能說它就是好。說它好與不好，就落入兩邊，即是兩個極端。我要有鋒芒、銳氣和才華，但是不能時時把它顯露於外，要深藏起來。在該用它的時候，在最適合的時機，才用其鋒芒、發其銳氣，這就是智慧。

我的鋒芒和才華顯露，自然會得到一部分人的認可與讚賞，但是同時也會傷害很大一批人，招引眾生由羨慕到嫉妒再到恨，甚至加害於我。所以在歷史上，才華橫溢、鋒芒畢露的人基本上都沒有好下場。

任何事情都有利和弊，我們不能說才華和鋒芒就是壞的，也不能說它一定會帶來禍害，這要看怎麼用它。比如你有了一把削鐵如泥的寶劍，任何人都打不過你，你能用它殺任何人。大家當然會羨慕你，但是同時也會恐懼。你如果隨時在人前顯露這把寶劍，激起了眾生的恐懼，眾生必定會一起弄死你。這把寶劍是人人都想要的，而且也是人人懼怕的。所以當我們真的有了一把削鐵如泥的寶劍以後，首先要深藏它，不讓世人知道我有這把劍。但是你也不能因為恐懼，怕這寶劍給你帶來殺身之禍就拋棄它。到了最關鍵的時候，救命的時候，

你才能起用這把寶劍，鋒芒畢露，用完就要立刻歸鞘深藏。

我們平時要去修、去學、去練大智慧，其實大智慧本身就是削鐵如泥的寶劍。它就是國之重器，國之重器不可示人。平時不要表現出過分的聰明才智，到了關鍵的時候當仁不讓，用完了立刻收起鋒芒和銳氣，恢復成普通人，這才是大智慧的人，這才是真修行。所以這段話真正的意涵是教人如何把智慧和道應用在世間。

中而用之，守中即是守道

但是，什麼事情都沒有定理、定論或固定的標準。世間有天道不變之規則，這叫做「道統」，就是老子在《道德經》裡一再描述的道。道有它運行的規則，如果要從意識層面的邏輯思維來理解它，只能勉為其難，稱為「中」。守中即是守道，這是亙古不變之規則。

天之規恆常不變，地之規才是變易無窮。比如大地上的作物，何時生長、壯大、收藏、泯滅，都必須順應天的晝夜更替、四季變換的規律。同時它也得應大地之萬變，各種水土適合生長各種不同的植物和動物。這一片廣袤的平原適合

生長農作物，但是多少年以後大地變遷，山川變化、河流改道，平原也許就變成了山巒。作物要在大地上生長，就必須適合大地的變化。

作為人來講，一定要上知天文、下曉地理，中才能通達人事，才能掌握天地之規則，在天地間遊刃有餘。這個狀態就是「仁」的狀態，即是手握乾坤，立於天地之間而不敗。這樣才能長生久視。

要能順天之恆常，又能應大地之萬變，要做到遊刃有餘，《道德經》就教我們要掌握守中之道，中而用之。當你處在「中」的狀態，就沒有固著的思想觀念，既守常規又知萬變。如果你在任何時候都展露鋒芒，那麼死得就快了，大地都不容你。因為你覺得自己聰明，就按照自己認為對的方向去做，不知要順天應地，恨不得要改天換地。

歷史上就有這一類人，恨不得要改變天的四季變更和晝夜更替，要改變大地讓山河易位，要用人為的力量去戰天鬥地。這種人把所謂的才智和鋒芒就表現在這裡，最後一定會死得很慘，還會給人類造成巨大的災難。

所以我們修道，就要知道人應該在什麼位置上。人就是

居中，都是一個「中」字。守中是一門大學問，這就是入道之門。只要入了道或者佛這個門，不論你修到了哪一步、哪個果位、哪層境界，你修的其實都是「中」。在各個層級和各個界，怎麼去修「中」都是一個理。只有到了佛這個境界，才達到了相對「中」的狀態，就是盡虛空遍法界的涅槃狀態。

所以老子認為「挫其銳，解其紛」的意思是，不挫其銳，一定是紛擾煩惱不斷，互相衝突，互相傷害。在修道之前，人都是為了自己去爭鬥、比較、嫉妒，一切都源自於為「我」。修道的人必是先收斂自己的鋒芒、銳氣和才華，先不傷人，成人之美，拔眾生之苦，從這兒開始去轉化自己。

大我與小我之間的「中」

真正修道以後，不是沒有「我」了，而是要把「我」放大，達到一個「中」的狀態。前面說的「我」是小我，後面說的放大了的「我」就是大我。但是不能因為追求大我而失去小我，要找到大我與小我之間的「中」的狀態，這樣就是既超越了小我，又不是一味地奔向大我。

但人不能把大我無私、為民奉獻、為眾生謀福利當成唯

一的目標。如果這樣就叫做「至善」，這是不可以的。你不要以為聖人都是至善，都是放下了小我，一味地為大我去服務，那可不是聖人。你如果一味地向至善的標準，向大我這個方向去努力，就是偏執。這樣你成不了聖人，最後是一定成魔。所以要通達這個理，這叫做「守中之道」。

儒家說可以為大義赴湯蹈火，但那是在極端特殊的情況下，平時不能這樣。孔子表示，真正修儒學要從三綱領八條目起修。三綱領第一個是「明明德」，第二個是「親民」，第三個是「止於至善」。第一個「明明德」，「明」是日月，即陰陽；「明德」就是平衡，就是守中。要想學儒學，就要學守中之道，這叫做「明明德」。第二個「親民」就是在世間起修，在人中修。第三個「止於至善」，不是不讓你善，不是不讓你無私，也不是不讓你追求大我。這四字是說，你要超越小我，但也不能一味地只去追求大我，所以這叫做「止於至善」。

因為所有嚮往昇華和圓滿的人，所有追求心靈充實的人，一定是從止惡揚善開始修，這是每一個修行的人共同的趨勢。沒有誰會說我要修行了，我就想做壞事，做的壞事愈多愈好。世間只有一味向著「至善」去偏執的人，沒有向著至

惡去偏執的人。即使是十惡不赦的殺人魔，他也不覺得自己是在做惡，也不是想著要與天下為敵。殺人的大魔都說是為了天下，他所謂的為天下的理由聽起來會很怪異，但是他也是在為天下，實現他自己的大我，這樣的人就成了大魔。

儒家三綱領也是守中之道

所以，儒學的宗旨就是「明明德、親民、止於至善」這三個綱領。真正的聖人並非因為「至善」而成聖，而是達到陰陽平衡。「一陰一陽之謂道」就是孔子對道的理解：要妥善掌握陰陽的定律、守住道，陰陽平衡就是道。陰陽平衡在現實表現出來的狀態就是「中」。只有在無限接近「中」的時候，才能自然而然地「挫其銳，解其紛」，然後「和其光，同其塵」。

「光」是光芒、光明、光環。在世間，有的人光輝偉大，是人們的榜樣。「塵」是塵埃、汙穢、卑下。「光」是貴，「塵」就是賤。它們是一對，一上一下，一個光明一個黑暗，一個純淨一個汙穢。

什麼是「和其光，同其塵」？在字面上解讀的人，基本

上都是說我要向優秀的人去學習，要跟光輝的榜樣融合在一起，說這是「和其光」。「塵」是社會最底層的，甚至也代表著黑暗的勢力，也代表著醜陋、卑鄙、下流。「同其塵」就是對於那些卑鄙下流的或者是惡劣的人事物，我要包容一切。這樣解讀很容易理解偏頗，「和其光」大家都能接受，但「同其塵」就無法理解。

和光同塵的自我修行

如果那麼理解「同其塵」的話，大家就都變成是非不明，好壞不分了。對壞的人事物都包容，就代表不去除他，不勸解他，也不去轉化他。如果一個人做壞事，為私利不擇手段，大家還都「同其塵」，要麼跟他一起做，要麼就包容他。這種包容實際上就是縱容，跟他一起做就是同流合汙，那能是道嗎？

其實「同其塵」並不是那個意思。我們不能因為學了道，就分不清好壞了。所謂的不思善不思惡，不是說我心中沒有善惡，如果那樣社會就變成惡人的天下了。有一個定律叫做「劣幣驅逐良幣」，又叫「破窗效應」指如果有一個人幹壞

事，大家都默許和包容他，以後效仿的人就多了。最後大家全變成那樣，社會一定會愈來愈墮落。

如果從字面上去理解的話，很容易把修行之人導向極端。「和其光，同其塵」，這是對那些追求至善者講的。追求至善者一般在現實中都是嫉惡如仇，正邪不兩立，正義感很強。這樣的人偏執於正，偏執於善，一味地去追求至善，一味地去追求光明。對這樣的人來講，要做到守中之道，那就是「和其光，同其塵」。

但也不能學了這句話之後，就不嫉惡如仇了，就不身懷正義替天行道了，就變成同流合汙是非不分了。這是從一個極端走到了另一個極端，就不是守中之道了。所以解讀《道德經》，不能從字面上去理解。「和其光，同其塵」，如果解讀成「好人壞人我都一樣接近，好人帶我做好事，壞人帶我做壞事」，這一聽就肯定不對。

其實所謂的「光」與「塵」，就是陰與陽。好與壞，光明與黑暗，高貴與卑劣，善與惡，這些都是以我的感受為標準的。看似是別人高尚或虛偽，尊貴或卑下，其實全都是我的心理活動，在我心中都有個標準。而評判之後，我就會有思維的

活動，然後再採取行為的行動。

　　由於每個人從小到大的經歷不同，都有自己的一套標準。有了這個標準之後，我的眼睛或者耳朵收集了外部的資訊，它就會形成我的感受。感受是從觀念而來，由我形成的這一套觀念，帶出了我的感受。我的思維模式再把它轉化成行為模式，我就會決定要怎麼對待這個人、事或者物。這就是自我感知的過程。

跳脫「我認為」，客觀看世界

　　但是這些好壞善惡，都是我認為的。「我認為」本來就非常地侷限、有漏、不究竟，這本身就有大問題。大家都說眼見為實，但是你看見的不一定是真相。從生理結構來講，一般人很難客觀的看待人事物。所以看待任何人事物都要從多角度、多面向去看，才能相對客觀，對這個人事物的評價才能接近於真實的世界，而不是我認為的世界。

　　所以這一句「和其光，同其塵」，首先要從自我修起。你現在一眼就看到這個人太壞了，不孝順父母，對孩子苛刻，對家人暴力，對老闆忘恩負義，這都是你看見的一面。但是當

你深入的瞭解這個人，看到了他的另外一面，你的認知就有可能大反轉。

「和其光，同其塵」講的是自我的修行，當我真的放下了心中認為的那個標準的時候，我看待世間人事物的角度就不一樣了。這樣我就能發現，所謂的光環背後也有黑暗，所謂的塵埃、醜陋背後也有美。我不是要追隨誰，也不是要跟誰同流合汙。我的心中沒有了絕對的好或者絕對的壞，人人都有我可以學習的一面，人人也都有不完美的一面，這就是客觀存在。我能看到，但我不執著，同時也不動心。

如如不動就是守中之道

所以《六祖壇經》裡面有一句話，能很好的解釋這個理：「能善分別諸法相，於第一義而不動」。善惡在我眼前，別人做了什麼，我都清清楚楚。但是當我客觀的看待人事物的時候，我深層的心就會不動。對於世間的這件事或這個人，我該獎則獎，該罰則罰，該向他學習就向他學習，自有我的判斷與行為。但是我根本上的心是不動的，這就叫做「第一義 (註)」，這就是「如如不動 (註)」。我們修的就是

如如不動之道，這就是守中之道。

「挫其銳，解其紛」，這就是做好自我的修為，達到自身的守中之道。「和其光，同其塵」其實也是從自我而來的。放下我內心當中對善惡的標準，放下偏執的極端的認識，達到一個「中」。能全面地、多角度地、客觀地看待整個世界，我自然而然就能達到「挫其銳，解其紛，和其光，同其塵」的狀態。

＊註：第一義（Absolute Truth），或稱為第一義諦、真諦、勝義諦。佛法稱第一義最上至深的妙理。

＊註：如如為佛家語，意指常在、沒有什麼變化。如如不動，則是形容一個人證悟諸法之後，心境就不會隨著外界而波動。

第三節　惟精惟一，允執厥中

中道本身就是中華大智慧的核心，而中華文明的精髓就是上古聖王代代口傳的十六字箴言：「人心惟危，道心惟微，惟精惟一，允執厥中」。

這段箴言最早記錄於《尚書‧大禹謨》。古籍記載，堯把王位禪讓給舜的時候，就傳給他這十六字箴言。堯告訴舜：守此十六字箴言，不但能修身，也能超凡入聖，治國能平天下、國泰民豐且長治久安。舜把王位禪讓給大禹的時候，也傳了這句十六字箴言。所以，這十六個字是中華文明最精髓之所在，所有的上古典籍也都源自於此！

惟精，從深奧精微處去觀察

「人心惟危」，《尚書‧大禹謨》十六字箴言一開始就告訴我們人心深奧難測、讀不懂。「道心惟微」，真正的大道之理非常深奧，特別微妙。我要修身治國，首先要通人心，但是人心深妙難測，變化無窮。我又必須掌握天地運行的規則以順天應地，但天地之規則又這麼微妙深奧難懂。

後面就說明了要怎麼做，「惟精惟一」。要不斷從細微處、微妙處去觀察，然後就能掌握事物的本質的運行規律，這就是「惟精」。就像物理學要認識宇宙的規律，從經典物理學開始研究宏觀事物的運行規律，然後到了瓶頸以後，就開始向微觀去研究量子，就是微觀物理學。研究到微觀世界，就會發現整個宇宙深奧微妙的運行規律，和我們眼見的宏觀運行規律完全是相反的，完全是顛覆的。愈是微觀處，愈是精微處，愈是深奧處，才愈是呈現宇宙真實運行的規律。所以要掌握宇宙運行的規律，你就一定得從深奧精微處去觀察，而不是只觀察宏觀的運動。宏觀的運動僅僅是呈現的表像，而它自身的規律，它運動的本質、根源還都在精微處。所以說「惟精」，一定要從細微處去觀察。

儒學修行與十六字箴言相合

比如，儒學八條目就是八個修行階段。八條目的第一個是「格物」，就是把任何人事物、宇宙萬有不斷地去分解，愈分解愈細微。當細微到一定程度以後，它的本質和規律性就會一點點呈現。這就是修的過程，要不斷地分解下去，就能逐漸

地認知到宇宙本質的運行規律。這些規律，往往和我認為的、眼見耳聞的、間接或直接學習到的經驗是相反的。

透過不斷地「格物」，把事物分解到極其精微處，才能知道宇宙萬物發展的統一的規律，然後才能夠樹立起我們的良知。只有掌握了宇宙最本質的運行規律，我才能知道真相，在這個基礎上才能建立一整套正確的知見觀念，即是正確的世界觀，這就是良知，八條目裡稱為「致知」。「格物」以及「致知」，是儒學修行的兩大基礎，然後才是「誠意」、「正心」、「修身」、「齊家」、「治國」、「平天下」，這和十六字箴言相合。

透過禪定發現宇宙的規律

從佛學的角度來講，釋迦牟尼佛祖就是透過禪定，創出了這一套佛法的體系。在禪定的時候，他用心去觀察宇宙最精細、最微妙、最深邃處，去掌握它的運行規律。比如佛用定功觀察細微處，然後告訴僧侶們，水中有八萬四千種生命，在飲用河水和井水的時候，一定要用細紗布過濾再喝。有了顯微鏡以後，人們才觀察到水中有無數的微生物，這些靠肉眼是觀

察不到的。兩千五百年前的佛，用禪定的功夫來觀察宇宙細微處的運行，從中發現宇宙運轉的規律，而不是從宏觀現實世界的人事物去觀察。現實世界的人事物只是表像，而不是本質。所以要從「惟微」、「惟精」這裡掌握規律，然後才能形成正知見。正知見就是真理，先有真諦後有真理。真諦是要從精微處、深邃處去觀察，我們才能知道它的理。

道家觀天之道，執天之行

《陰符經》開篇講：「觀天之道，執天之行，盡矣。」「觀天之道」，如果只是觀察日月星辰的變化規律和運行軌跡，這就是宏觀物理學，你得到的這些規律就不是真諦，悟出來的也不是真理，都是表面的東西。真正的天在幽冥處，天是本質。「觀天之道，執天之行」，真正從精微處、深邃處、幽冥處觀察出來規律，然後按照這些規律去執行，這就是「盡矣」。《陰符經》的核心就是這一句話，後面四百多字都是在解釋這句話。「觀天之道，執天之行」，也就是十六字箴言。

「惟精惟一」。「惟一」是因為我們從本質上去觀察萬事萬有，即是天之運行的規律，就會發現都是一個理。天之理

並不複雜，從一個簡易的理延伸出萬事萬有，形成了紛繁複雜的各種定律，都是從那個「一」出發的，只要抓住「一」就行了。

所以說「人心惟危，道心惟微」，別看人心難測，道心難明，只要你「惟精惟一」，抓住這一個理，既能修身又能治國。這個理就是「允執厥中」，這四個字就直接呈現了天地運行的根本規律，唯一的理，也就是「一」。「允」是真誠。「允執」是真誠地去領悟、去執行，去行動。「厥」是其的意思。「允執厥中」就是真誠地去找到、追尋、實現那個「中」，這個「中」就是那個「一」。「中」也僅僅是個相似的表達，不是絕對的。這就是道，中華文明都是從一個「一」起始。所以只要達到了「一」的狀態，就達到了最高的境界。

透過修行來解封大腦

怎麼從本質上去認識這個「中」，尤其是在現實中怎麼執行這個「中」，這是個問題。我在不斷地追求「中」的過程不斷地領悟「中」的概念，在這個狀態下，我的智慧就會逐漸地打開。人愈偏執，大腦就愈封閉，它就向一個點或者一條

線去了。所以愈守中，愈接近於「中」，大腦的潛能才一點一點地打開。透過修行打開大腦的潛能，其實就是這麼簡單。

孔子一以貫之的大智慧

比如，孔子是師無常師，沒有固定的老師教孔子，但是任何問題和困惑到了他這兒都能迎刃而解。子貢看見他太聰明、太廣博了，就問他為什麼這麼有智慧？孔子就告訴子貢，他的智慧叫做「一以貫之」。孔子晚年專門研究《易經》，研究的是「一陰一陽之謂道」，其實就是研究道學道法，已經領悟到了「一」這個真諦。當他領悟到了「一」，並且在現實中去執行，不斷地糾正自己的偏執與執著，不斷地向「中」去靠近的時候，智慧就會迸發出來，所以就叫做「一以貫之」。這是上古的聖人在教他，不需要告訴他宇宙自然的具體規律，就讓他掌握最核心、最根本的東西，就是「一以貫之」也就「惟精惟一，允執厥中」。

天道就是一的規律

其實「人心惟危，道心惟微，惟精惟一，允執厥中」這

十六字箴言，就是整部《道德經》，就是整部《易經》，就是整部《孝經》。中華的文明都是從這十六個字延伸出來的，然後再濃縮就變成「一」，「一」即是「中」。所以中華文明總是強調，修行到天人合一，就是人真的能夠領悟天道，「觀天之道，執天之行，盡矣」。

回到《道德經》第四章後半段的內容。在「和其光，同其塵」的後面，緊接著一句感慨：「湛呵似或存」。

【湛呵似或存】中的「湛」是深邃，特別透徹，特別純粹。「似或存」，無始無終，它就是一個存在，無對無錯，無高無低，無上無下，無光明無黑暗。這就是大道，一切都包含於其中。

【吾不知其誰之子也，象帝之先。】天道「一」的規律，「中」的至理，陰陽的變化，追求平衡的運行，我不知道這是誰創造的，這叫做「吾不知其誰之子也」。它這麼偉大，以至簡演化出至繁，至繁當中存有至簡。抓住「一」、抓「中」，就能解除至繁的所有煩惱及困惑。

中華民族信仰無神論的起源

「象帝」就像一般人說的老天爺，舉頭三尺有神明，老天爺就是我們信奉的神明。「象帝之先」就是說這個定理、定律、規則、道，它是在有所謂的老天爺之前就存在。

要知道，中國人最根本的信仰是不信什麼老天爺的，也不相信上面有個人格化的神創造了這個世界。中國人信的是道，叫做「大道」，無始無終亙古常在。在中國人的信仰裡，因為有了大道，執行大道的人就叫做「老天爺」。他維護大道的運行，僅僅是一個執行者。所以中國人真正信奉的是無神論，沒有哪一個神創造了這一套定律、規律，它是在「象帝之先」。當老天爺還不存在的時候，這套理、規則、定律已經在運行了。

這句話其實不是老子的感慨，老子自己是「述而不作，信而好古」，這是傳下來這套文明的上古先聖在感慨。沒有誰創造這一套定律，亙古以來它就存在，無始也無終，它在老天爺之先就有，這就是無神論的起源。

所以不能說道家信太上老君就是信神，太上老君是老

子，老子就是個人。唐皇封他為太上老君，但是他不是神，他就是一個得了封號的人。儒學崇拜的是聖王明君，從伏羲、三皇五帝一直到後面的堯、舜、禹、商湯、周文王、周武王、周公旦，這些都是學習的榜樣，而不是神。所以這就是中華文明和信仰的歸結處。

不執著、不走極端

在現實中，一定要從「中」去找這個道。「道沖，而用之有弗盈也」要儘量做到守中，偏向於「中」，那就要做到「有弗盈也」，就不要去追求「滿」，也不要去執著於「無」（即是空）。我們對人事物都要這樣，不落向兩個極端。這就是《道德經》第四章給帶來的提示。

第六章

多聞數窮，不若守於中

——《道德經》第五章

什麼是芻狗？什麼是仁君？

道德經第五章繼續探討治國之道，

除了點出身為好的統治者該守的原則，

也提示了一般人在日常中做人做事的正確之路。

第一節　天地不仁，以萬物為芻狗

《道德經》第五章

【天地不仁，以萬物為芻狗；聖人不仁，以百姓為芻狗。天地之間其猶橐籥與？虛而不淈，動而俞出。多聞數窮，不若守於中。】

《道德經》第五章的內容和第四章比較接近，講聖人怎麼把道的規律在現實中應用，這既是修身之道，又是治國之道。對《道德經》這一段的解讀，在歷史上有著非常多的爭議。如果從字面上去解讀，就會無法理解這一段跟道在現實中的運行有什麼關係。

什麼是芻狗？

【天地不仁，以萬物為芻狗。】是《道德經》第五章的開篇第一句。

「芻」是割草的意思，「狗」就是動物的狗。周朝以前基本上都是用活人來祭祀，尤其是商朝特別注重活人獻祭。周朝取消了用活人祭祀，各種祭祀活動就改用豬牛羊這三牲。由於

當時的生活條件比較困難，很多人都供不起三牲，就用狗來代替豬牛羊做祭祀。到了後面，用狗祭祀也供不起了，就用草編成狗的樣子來做祭祀，這就是「芻狗」。

「芻狗」特別卑賤，草編的狗是個象徵意義。在祭祀前，大家用草來編狗時，對它非常恭敬。因為要用它來祭祀神靈，大家甚至都不敢碰它，它就是最高的存在。一旦祭祀過後，「芻狗」立刻就沒有價值了，只是一個草編的狗。大家就把它踢倒踩碎，拿回去燒火了。所以「芻狗」的意思，就是被人利用後就可以被拋棄，而落得是一文不值。

自古以來，「天地不仁，以萬物為芻狗；聖人不仁，以百姓為芻狗」這句話特別難解釋。難道是天地無情，把萬物當成「芻狗」，用完了就把它們丟棄了？難道是聖人心中把百姓當成「芻狗」，利用完了就把他們拋棄了？很多人都解釋為天地無情，聖人無情，此為最公。但這是絕不可能的。老子在《道德經》裡要體現大道在天地之間的運行，他是絕不會這樣描述天地以及聖人的。那樣的人絕不是聖人，那麼做也不是天地運行的規則。

仁是什麼？仁君又是什麼？

首先我們要理解「仁」是什麼意思。「仁」從表面上來理解的話，通常會理解成仁愛。比如《論語》裡面有弟子問孔子「何為仁」，孔子很簡單地告訴他「愛人」就是「仁」。所以很多人認為，「仁」是愛最高的境界和表現。但是孔子對智、對仁、對德有各種不同的解釋，他是針對不同的人而給出不同的答案，其實他並沒有固定的「仁」的標準。因此在研讀這句話的時候，就得搞清楚「仁」的普遍的標準是什麼，這樣才能知道這句話是什麼意思。

「仁」字起源於夏商周，這個字在孔子的時代之前已經很普遍了。「仁」從字形上來看，左邊是人字旁，右邊是二。在中國的古代，「二」代表的永遠是陰陽，就是從太極分化出來、形成宇宙萬事萬物的最根本的陰陽，是事物的對立的兩個因素。而「一」永遠代表著太極，即是整體。所以這個「仁」字，從字形上解讀就是一個人掌握陰陽，手握乾坤。仁者也包括仁君，也就是最高境界的聖王。一味地慈悲、慈祥、慈愛可不是仁君，那就錯了，太偏執了。

　　真正的仁君就是「仁」字左邊的人字旁，他就是上知陰陽之理，下通曉陰陽變化之規律，能夠掌握和運用天、地、人三才的變化規律。他有時可能會特別慈愛，有時可能會雷霆萬鈞，就像天之道。天有時是陽光普照大地，生養萬物，沒有貴賤之分，這就像仁君慈愛於子民。但是天不會永遠陽光普照，否則大地、草木、動物和人也受不了。它有時烏雲密佈，有時雷霆萬鈞，有時狂風暴雨令人恐懼，這些也都是萬物之所需。

　　天不管萬物需要什麼，它只按照宇宙自然的規律運行，有時烈日炎炎，有時冰天雪地。天從來不管它所生養的萬物，既沒有要求，也不去控制，更不需要它們感恩，所以說天至公而無情。而掌握了天地萬物的運行規律的人，就是仁君。

天地應遵守陰陽轉換的規律

　　當能理解了這個「仁」以後，就能理解這句話特指的是天地，然後又是聖人。這是有針對性的，天代表著主宰、父親，聖人也代表人間的主宰、帝王，同時也代表著父親。所以這句話說的是，作為主宰者，應該遵循什麼樣的規律才符合道，這樣才能解釋得通。

　　「天地不仁，以萬物為芻狗」這句話的意思是，如果天地不遵守陰陽轉換的自然規律，即是不按天道而行的話，它就會把眾生看成是自己所主宰的、被自己利用的工具，就會像對待「芻狗」一樣對待天下之萬物，這就叫做「天地不仁」。應該說，如果「天地不仁」，那麼它就會「以萬物為芻狗」。

第二節　聖人不仁，以百姓為芻狗

【聖人不仁，以百姓為芻狗。】中華的古聖人全是聖王，是人間的領袖。比如伏羲、黃帝、堯、舜、禹、三皇五帝都是聖人。商湯、周文王、周武王、周公旦都是王，也都是聖人。只有孔子這一個聖人不是王，但是後世追封孔子「素王」，所以他也是王，是精神領域之王。

聖王必須上順天道、下應地規

在中華的經典當中提到的聖人都是王，王就是人間的主宰。如果聖人不按照自然的規律去運行，那麼就一定會把百姓就當做「芻狗」，只為了實現自己的夢想或者達到自己的目標而利用百姓，不把百姓當人看，這就叫做「以百姓為芻狗」。

這兩句話是在說明，作為王要遵守天道地規。王不可以一意孤行，只憑自己的好惡和任性，就不按天地之規去做事，任意去主觀創造。如果王這樣做，百姓就被他當成了「芻狗」。而他不把百姓的命當成生命，就會給人間帶來大的劫難。所以說聖王即是人間的主宰，必須要上順天道，下應地規。

天有亙古不變的綱常，日月更替，晝夜更替，四季輪換。這沒有什麼對錯，就是按照無極生太極、太極生兩儀、兩儀生四象、四象再生八卦到六十四卦的規律來運行。天生養萬物，卻不以此為功。萬物的生成、發展、壯大、敗空都是萬物自己的事情，天都不去管。

天地必須為無為、守其仁

前面在解讀《道德經》第二章的時候就講過，天只需按照自己的規律運行，萬物自己就會生長出來，而不是天來讓萬物成長，這叫「萬物作而弗始也」。萬物不斷地成長，不需要感恩天。天也不會對萬物提任何的要求，這叫做「生而弗有也」。萬物發展茁壯了，天也不會對它們有什麼期望，也不想讓萬物為自己做什麼，這叫做「為而弗侍也」。萬物長得再好，比如參天大樹、崇山峻嶺挺拔無比，天也不會居其功，這叫做「成功而弗居也」。

天地守著自然的規律，萬物在它的影響下，自然自主地去生長、發育、壯大、終結，這樣萬物才是萬物。所以萬物不知道有天的存在，它們感覺是自己發育壯大的，是自己努力的

結果。每一個萬物，包括人，都有自己的個性，都是自己的主體。這才是天地與萬物之間的關係。

如果「天地不仁」，它生養了萬物，就會對萬物有要求。它會允許什麼動植物生長，同時也會不允許什麼動植物生長，比如這裡必須長森林，那裡必須長草，還有的地方必須是沙漠。如果天這樣去要求，比如說樹必須長成筆直的參天大樹，比如說草必須長成什麼樣子，不合要求的生物就要消滅，那麼萬物的生長就沒有個性了，就是在天的控制下生長。天不處無為之態，而是行有為之事，插手於萬物，這就是天不掌握「仁」。

天要控制天下之萬物，那它必是有所求，需要這一片是森林，那一片是草地，那一片是海。如果天無所求，就不可能去要求萬物。有所求，就是天要利用萬物。人們用草來編「芻狗」，是因為要利用它祭祀神明。那麼天地如果要求萬物的話，它一定也有所謂的期待，這就是在利用。等利用完了，用過的那些都成了廢物，就是累贅，天地必要毀了它。這就是「天地不仁，以萬物為芻狗」。

這個「不仁」的狀態就是天地不能「為無為」，天地有

為了。當天地有為、有形、有相的時候，一切都在天地的掌控之中。那樣萬物就沒有自己獨特的生命了，就不能按照自己的狀態和需求去生成、發育、壯大和終結了，就都成了「芻狗」。「芻狗」是沒有生命的，是任人宰割的，需要用的時候編出來，用完了就被拆了，當柴火去燒了。

　　一般人生活在自然界中，都感覺自己是獨立的個體，有自由的意志。而人不可離的就是陽光、水和空氣，這些都是大自然提供給我們的。其實所有的人以及動植物，命運都是完全掌握在大自然的手裡。它要想毀滅這一切實在太容易了，就是一瞬間的事。因此雖然人類是因大自然運轉變化的規律，自然地出生以及成長，但是最容易忽略的就是大自然。我們認為自己是自生自滅，有自由意志，能按照自己的想法去過好這一生。又認為最有價值的就是財富、奢侈品、美食、美女之類。但是對生命最有價值的陽光、水和空氣，反而是我人們最不在乎的。

　　其實人是由天地生養而來，如果沒有天地，我們就不存在。天地給了我們自由發展的空間，讓我們有了自由的意志，才能稱為自我，才能有自己的思想、觀念、行為、品德。而人

一切都是拜天地之所賜，是因為天地「為無為」，這就是天地守其「仁」，不控制我們，因此我們也不是天地的「芻狗」，所以要感天地之大德。當有一天，天地不守「仁」了，即是不遵守宇宙自然運行的規律，它要有為即是有要求的時候，我就不是我了，就是被天地所利用和控制的「芻狗」了。

仁君必定也是為無為、守其仁

聖人、聖王要怎麼治理天下才符合道，這才是重點，所以後面說「聖人不仁，以百姓為芻狗」。任何人都希望我們的君主或領袖是仁君，但自古以來，仁君的概念和標準就無法統一。其實《道德經》這兩句話也實實在在的闡述了真正的仁君學是天地。仁君就像是天一樣，而百姓就像天地之間的萬物。君主守其「仁」，只需要按照自然地發展變化的規律做好自己，對百姓要無為而治。

這是有聖人的無為而治，和無政府狀態的天下大亂完全不是一回事。這就像天地，天是有其運行的規律的，有晝夜交替、四季變更，大地的變化也是有一整套的規律在運行的。天下之萬物必須順應天地之規，順著它就能生長得很好，逆著它

肯定會死。天就像孩子的臉，忽冷忽熱，熱的時候能熱死人，冷的時候能凍死人。天作孽猶可違，人還能夠躲避風雨，躲避寒冷，還有可能活。自作孽不可活，如果人逆著這個規律，逆著時令，就是自己找死。所以聖人應該循天之道和地之規，制定好一整套的政治的秩序和社會的結構。

從古人來講，仁君建國就是創造了他的天地，政治的秩序就是天之運行秩序，社會的結構就是大地。他要把天之道和地之規都定好，定好了以後就不要去管百姓，讓百姓自由地去生長。百姓有自由的意志，是獨立的生命體，他自然就會在大的規律下學會怎麼去適應，然後去發展，繁衍生息。無為而治可不是什麼都不管，仁君得先定出這一套綱常。在天之道的層級，綱常是大家必須遵守的，然後從綱常延伸出人間的倫理道德，再延伸就是人人遵守的禮儀和規範，這些都是必須有的。

就像天地一樣，晝夜、四季、日月星辰的運轉軌跡是不會變的，人間也要有恆常不變的綱常。但是在四季的恆常不變的大框架內，天有時豔陽高照，有時狂風暴雨，有時烏雲密佈，這些都沒有問題。當倫理道德、禮規和法制這一套東西建立了以後，政治的秩序和社會的結構立住了以後，仁君就不

要再去管了。整個社會就像大自然的運行一樣，自然而然的在這套規則下生長發育、繁衍生息，這就叫做「循天之道」。

聖王應循天之道來治理百姓

聖王循天之道治理百姓，百姓是感覺不到被控制、被主宰的。聖王就像天上的太陽一樣，百姓看到的就是他在普照大地，至公而無情。最公平者必是無情，對誰偏心偏愛才是有情。如果你對任何一個生物偏心偏愛，就會對其他的生物冷酷無情，所以說陽光普照是至公而又無情。聖王也是這樣對待天下子民，不對某一類個體有過多的關愛，也就不會對另一類個體有疏遠和冷酷，大家都會覺得聖王是最公平的。所以聖王必須保證自己是無為的狀態，不去作為可不是什麼都不做，他要守著天地運行之規律，守著政治秩序，維護著社會的結構，這就夠了。

聖王不應該做有為之事，他下面的人自有社會運行的標準和軌跡。聖王就像天上的紫微主星，即是北極星。他是不動的，看似遙遠，但是他的光芒又能照耀到每一個眾生。他下面有北斗七星，有二十八星宿，這些輔佐的星辰都按照各自不同

的軌跡，按照自己的使命去運轉，維持著整個天地的運行。所以萬物的生長才會有自由的意志，才是獨立的生命體，才會有獨立的生命軌跡。這種狀態其實就是「仁」的狀態，就是天地之仁，聖人之仁。

如果帝王不仁，做不到無為，天下萬物以及百姓就要遭殃了，就會變成「芻狗」了。人間最怕所謂的王或者領袖想法太多，規矩常變，還讓百姓統一思想，讓大家按他指定的目標集中起來去做一件事，那天下百姓就全成了他的「芻狗」。他一定會為了實現自己的目標，不拿百姓的命當命，不允許百姓按自己的個性發展，不允許百姓按自己的命運去走，這就是「聖人不仁，以百姓為芻狗」。

君主守仁，國家才能穩定前進

所以中國歷史上真正的明君都守著「仁」，百姓感覺不到有這個君主存在，但是他的光芒又能普照大地，普照到每一個人。他不對百姓做任何的要求，允許他們有自由的意志。任何人只要不破壞規則，就可以按照自己的規劃和軌跡去走自己的一生。這樣天下的百姓就不是「芻狗」了，都有其自我。

只有在這種狀態下，百姓的主觀能動性和潛能、潛力才會發揮到最大的限度，國家和民族才會有巨大的創造力和創新能力，才有力量。

而「芻狗」沒有力量，因為每一個「芻狗」都沒有獨立的生命，沒有生命就沒有力量。把所有的「芻狗」統一起來看似強大，其實外強中乾。再多的「芻狗」集中在一起統一思想，也就是一大群行屍走肉而已，根本做不成什麼事！這就是《道德經》所指明的，人間的領袖即是聖王，應該怎麼行天之道，怎麼守地之規。

第三節　虛而不淈，守仁於中

【天地之間其猶橐龠與】。「橐龠」就是鼓風箱。古人燒火時要用鼓風箱向爐灶裡吹風。鼓風箱中間是空的，裡面充滿空氣、沒有半個有形之物。但，一旦鼓動起來，鼓風箱就會產出風。這句比喻天地之間就像鼓風箱一樣。

守住恆常，就有無限的可能

【虛而不淈，動而俞出。】「淈」是窮竭的意思。「虛而不淈」，不去動它的時候，鼓風箱內部有無窮無盡的還沒有形成的風。不動的時候一片虛無，它就處於一種永不窮竭的狀態。一旦動起來的時候，鼓風箱內部的空氣壓出去形成風，愈動發出去的風力愈大，愈動裡面的空氣愈少，所以叫做「動而俞出」。

這裡說天地像個鼓風箱一樣，愈靜，包含的可能性就愈多。前面講過大道的特性，就是虛無當中包含著萬有，無極當中有著各種的可能性，各種力量都在這裡孕育著內涵。天地一旦動起來就有形了，一旦有形有相就是有界限

的，就是碎片，就是局部的，那無窮無盡的可能性就沒有了。所以天地貴靜而不宜動，守住它的恆常性，就會孕育著無數種可能，孕育著永不窮竭的力量。

聖人循天之道來治理國家，就要像天一樣守住恆常，不要總是變。聖王要做到虛靜以待，只有在這個狀態下，他才能包容萬物。天下萬物以及百姓才可以按照自己的方式，按照自己的自由意志去發揮、去創造。聖王要學天地，要遵從天道。天地無言，萬物自化就會欣欣向榮。天地若有言，則萬物枯竭。聖王之道就是「仁」，仁者讓百姓自化。不仁者把百姓當作「芻狗」，把這些「芻狗」統一起來去達到他個人的目標，最後整個朝代、國家和民族就會耗竭而亡。這就是不循天道，不守「仁」的結果。

這裡比喻天地就像鼓風箱一樣，不動是孕育萬有，一動就成形了，力量就會枯竭。鼓風箱一動起來，就會把裡面原本不窮不竭的虛空狀態打破，變成有形的風力推出去了，風出去了就沒了。天之道就是愈靜愈有無限的生機。

管理者都該循天道、應地規

　　但是《道德經》這裡講的是聖人要向天地學，可不能讓所有的人都跟天地學，不能全民都守靜。正常的百姓就應該為了生存掌握各種技能，就應該辛勤致富，養家糊口。如果普通人學了《道德經》以後說我也要「仁」，我也要守天地之規，天天睡懶覺不事勞作，那是不可以的。

　　在這裡講的就是聖人，聖人就是聖王。王是不可以去做具體事務的，這才是做王的規範，要守住天之道和地之規。但是公卿大臣要輔佐帝王，那就得盡心盡力做事。北極星可以歸然不動，虛靜以待，但是北斗星、二十八星宿就得按照自己的規律，時時刻刻運轉，這就是規則。

　　《道德經》本身就不是老百姓學的東西，作為百姓要做好自己的本職工作，在其位謀其政。你如果在家是父親，你就得擔起整個家的職責，養家糊口。你如果在公司做高管，或者是在社會上任公職，你就得像北斗星和二十八星宿一樣，按照自己的軌跡規規矩矩地去做。如果有一天你當上了王，自己有企業了，你就應該循天之道、應地之規了。

　　很多人所謂的修行就是天天修無為，他就把什麼也不做當成了無為。這種人太可怕了，還不如什麼都不學。什麼都不學的時候，他在世間做世間事，做得還挺積極。結果學道了以後，他說要修行，世間事他都不願意做了，天天要清心寡欲，有饅頭涼水充饑就行，老婆孩子也不要了，家也不要了。這就叫做「避世」，不負責任，這可不是修行。所以學道最容易出現的問題，就是修無為修成了什麼都不在乎，什麼責任都不擔，什麼事都不做。修成這樣的人，就成了社會的寄生蟲，看似清心寡欲，實際上就是個廢人，對社會沒有任何貢獻。因此學道千萬不能學成這樣。

為何多聞反而會窮竭？

　　【多聞數窮，不若守於中。】「數」在這裡可以解釋為屢屢，「窮」是失敗、窮困、窮竭。「聞」是聽，聽了就是學。如果從字面上來理解就是，愈多聽、愈多看、愈多學，就愈容易失敗、貧困、窮竭，「不若守於中」。這樣解讀和我們所學常識相悖，但從常識的角度來講，應該是我們學的愈多，知識面愈廣，掌握的技能愈多愈深，就愈容易成功。

這裡所謂的多聞、多學，是指人們向外去學習各種知識和經驗，包括間接的經驗和直接的經驗。知識在於積累，技能也是愈多愈好，但是當我們向外學得愈多，為什麼反而會失敗、窮竭、貧困呢？要記住這裡有個「多」字，它不是一個「聞」字，而是「多聞」。

前面打了個比方，說天下就像鼓風箱一樣。人是天地的一部分，也是個小宇宙。天地就像鼓風箱一樣，所以人也像鼓風箱一樣，宜靜而不宜動，但這個靜可不是什麼都不幹。「多聞」在這裡就是多動，就像鼓風箱多動，愈動愈窮竭，愈沒有深藏的力量和底蘊。

做事要想成功，貴在專一精深

這句話不是讓人不聞，問題出在「多聞」上面，叫做「多聞數窮」。在世間學習知識或者技能，其實都要戒所謂的廣和博。廣而不聚，博而不精，廣博代表的就是浮躁和淺嘗輒止。所以《道德經》說「多聞數窮，不若守於中」，其實就是中華十六字箴言裡的「惟精惟一，允執厥中」的意思。

做事要想成功，貴在專一精深。我們在世間學習知識和

技能也是一樣，要做到「惟精惟一」。人的心本來就有著無窮的創造力和無限的靈感，但是在現實中，我們為什麼做不成事，為什麼感到特別無力？其實最關鍵的原因就是，人的心本來就是散的，如果沒有把心給凝聚起來。心就像太陽一樣，它要凝聚了才有力量。太陽的能量無比巨大，當它普照大地的時候，每一個人都能感受到陽光的溫暖，卻感受不到它背後巨大的燃燒的毀滅性的力量，這就是因為它太分散了。當人用聚焦鏡或者反射鏡把陽光聚成一個點的時候，就能利用太陽的能量來做事，就能把紙燒著，把水燒開。

　　所以做事要想成功，就要記住「惟精惟一」。把你的心力聚焦到一個點或者一件事上，它就能發揮強大的力量，你才容易成功。不要去分散心力，不要多動，「動而俞出」，愈動你消耗的就愈多，都耗出去了你的內心就空了。你要靜下來，可不代表著不想、不做、不學。當你把精力集中於一件事、一個人或者一個物上的時候，你就能逐漸體會到其微妙處，微妙處才是高境界，才容易成功。

守仁，最高境界

　　但是把所有精力投入到一件事，其實還不是最容易成功的。最高的境界是為仁，就是守著「仁」。作為普通人，怎麼守這個「仁」？「不若守於中」。在這裡的「中」，就是指這個身體。為什麼叫做「中」？人立於天地之間，居於天地之中。宇宙萬物看似廣博無垠，但是宇宙再廣闊，還是以我為中心，是我的宇宙。所以這個我，這個身體就叫做「中」。

　　這句話的意思是，要把向外的求知、求學、多聞、多見的心收回來，收到我的身體上，這才是普通人的「仁」。我要把心收到我的身體上，守我身體的感受。這不是要睡很舒服的床，不是要吃很好吃的美味，如果追求這些就不是守在身體上了，而是守在欲望上，必須要搞清楚。

　　我們的心一般都是向外飛馳，內執著於五欲，外迷戀於六塵。所以心要麼在欲望上，要麼就被現實中花花世界的人事物所吸引，就是不在自己身上。而修行最高的境界，真正的起修處，就是這句話「不若守於中」。你真的能夠把心收回來，放在自己的身體上，做什麼都容易成功。你愈是向外動，愈是

向外去求，愈貪婪、愈執迷於外境，就愈容易失敗。

「多聞數窮，不若守於中」不僅僅在闡述怎樣做事易於成功，同時還告訴我們修身、修真的入門之道，這句話包含著多種涵義。這些經典言簡而意賅，內涵極其深刻，不但清楚地指明了方向，指導了人生，更要在心裡牢牢地記住它。其實這句話還有很多的意思，但我只能在這裡拋磚引玉，讓大家好好去領悟和解讀。

第七章

玄牝之門
——《道德經》第六章

道德經第六章傳授的是入道的方法。

然而，入道屬於不可外傳的密法，

因此，本章僅幫大家建立對於入道相關的概念。

想要修道的德者，請先自行修福德，

然後等待機緣成熟，再由名師指點入道。

第一節　玄牝之門，天地之根

《道德經》第六章

【穀神不死，是謂玄牝。玄牝之門，是謂天地之根。綿綿呵其若存，用之不勤。】

上一章最後說「多聞數窮，不若守於中」，這一章就是在說明要怎麼守中，這是有連貫性的。大家對這一章的解釋更是千差萬別，怎麼解釋這句話，跟研究《道德經》的人自身的經歷、學識和研究的方向都有關係。研究修真之道的人有一種解釋，研究治國之道的人有另一種解釋，所以對這一章的解釋是仁者見仁、智者見智。但是語言再怎麼描述，都無法把經典的整體性全面地呈現出來。所有的解讀一定都是片面的，任何人都不敢說自己能全面地解讀《道德經》。

關於玄牝之門的諸多說法

【穀神不死，是謂玄牝。】「穀神」從字面上來講，簡單說可以叫做「生養之神」。「穀」是生之本，人離不開五

穀，沒有吃的人就活不了。「神」在這裡是元神或者元氣，就是生命最初的一個狀態。「穀」和「神」合起來就是指人最初的生命狀態，最本質最原始的那個我。人的身體離不開「穀」，就是離不開糧食，所以叫做「穀身」。穀身有生就有死，身體這個形是必然要死的，但是還有一個不死的叫做「穀神」。

這個不死之「穀神」，就是生命最初的還沒成形的狀態。這個狀態在道家來講，「是謂玄牝」。「玄」通「元」，通「始」，原始。「牝」是生之門，所有人都是從女性的生殖器生出來，「牝」就是女性的生殖器。「玄牝」是指最原始的非有形之物所生出來的那個，講的就不是女性的生殖器，就是不死的那個「穀神」。

【玄牝之門，是謂天地之根。】要修道就必須找到這個「玄牝之門」，找不到這個，你就不知道守中到底要守在什麼地方。

【綿綿呵其若存，用之不勤。】就是在說明要怎麼守。前一章講「不若守於中」，籠統說就是守自己的身體。但是身體怎麼守，守在哪裡？所以這一章講不死之「穀神」，就是

最原本的那個我，在有形之前的那個我，我要找要守的其實就是那個。

「玄牝」就是我的生之門，我的元神是在哪裡生出來的，我就守住那兒。用對了方法，我就能做到生生而不息。「玄牝之門」指的是修道之門，守中之門，它可不是形體的肉身出生的地方。

歷史上對於找這個地方有很多種說法，五花八門，各有各的理。有的人很籠統地解釋說是天與地，有的人說是口與鼻。說它在口鼻的人就從呼吸上來修行，因為沒有呼吸人就死了，這是生命的來源，所以他認為呼吸就是「玄牝之門」。有些人認為是父精與母卵，人是來自這裡，然後下功夫搞出各種各樣的修法。還有人覺得是腎，有的人說是命門，有的人說是元神，有的人說是黃庭中丹田 (註)，甚至有的人覺得「玄牝」在肛門。

＊註：黃為道家五行中代表中樣的土黃色。庭是四方之中。黃庭兩字合起來就是中央的意思。有人認為黃庭位於下丹田，下丹田位於臍下三寸之處，被認為是藏精之府，也是氣功練精化氣的重要穴位。

其實「玄牝之門」本身是道家的不傳之密，就是你要想修真、修道，就必須知道它在哪裡，然後才知道怎麼修。按照常規來講，我是不可以把「玄牝之門」給大家點出來的。這是屬於密傳的一部分，絕對不可以公開地直接點出來，這就不符合傳法之規。

第二節　金丹大道，有緣者得

《道德經》包含修金丹大道的具體方法，它可不僅僅是理，還有具體的修煉方法。理可以公開地傳，但是具體的修行方法是不能這麼傳的，一定得傳給有緣人。如果把密法傳給非有緣之人，傳的人和接受的人都會有大災難。所以在這裡我不能直接告訴大家，「玄牝之門」到底是哪裡，怎麼能夠「綿綿呵其若存，用之不勤」。

但是既然講到這了，也不能一點都不說，我借助古代的修真的人的描述，讓大家自己去領悟。悟到了是你自己悟到的，不是我傳的。我得把自己的責任分清楚，不能受反噬。

修行密法不可外傳

《悟真直指》裡有這樣一段話：「穀神之動靜，即玄牝之門也。在人身為四大不著之處。天地之正中，虛懸一穴，開闔有時，動靜自然，本無定位，亦無形象，又號之曰玄關竅。玄關者，至虛至靈，有無不立也，又號之曰眾妙之門。」這段對「穀神」和「玄牝」描述得非常清楚，但是基本上相當於沒

說，因為幾乎沒人能聽懂。但是真正的有緣人必是得到了明師指點，他再看書上寫的這些就明白了。

常人都看不懂金丹大道的經典，裡面全是金、汞、爐鼎、丹田等比喻。為什麼修道的人不直接告知修行方法，而是用這些比喻？因為，傳法自有傳法的道理和規矩。修道的人不能不說又不能直白地告知。如果直白告知，他自己就會遭天譴，於是就將之寫成道歌。但誰能領悟得了？所以，絕大多數人按經典去修都會修錯。

修道必須講有緣，沒有明師給你指點，你就別想著修密法密術，就知其理就行了。我解讀《道德經》只能把理給你講清楚，但是它裡面不僅僅有理，這一段就是在告訴你修道怎麼入門，修的是金丹大道，入的就是這個道門。

所有的經典全都讓你放下分別，那只是修福德的根基，可不是放下了分別就能打開大腦的全部潛能了。你如果天天那麼分別或者分裂，那就連入道之門的機會都沒有。放下了分別以後，才能夠做到心不隨物喜，也不生怨恨，這就是你修福德的基礎。你有了福德的基礎以後，再遇到明師教你密法，然後才能打開你的大腦潛能。

不是只有中華的先祖在祕密的傳授這些密法，西方的煉金術也是一樣的。煉金術的著作全都是比喻，也是有這些鉛、汞、金、銀各種金屬。常人也不知道它們代表著什麼，爐子在哪裡，爐火是什麼意思。所有的經典都不會直接告訴你，一定是傳給有緣人。

《道德經》第六章是修真的入門

　　所以《道德經》的第六章不好講解，因為這是不能傳的東西。但這又是修金丹大道的前提，「穀神不死，是謂玄牝」，找不到「玄牝之門」，就找不到那個不死的穀神。找到了「玄牝之門」，那就是「天地之根」，找到以後你再去修它，你才真的能回到「穀神不死」的那個狀態。「穀神不死」就是人類的大腦潛能全部打開的狀態，就是精神昇華圓滿，解脫了的狀態。

　　第六章是修行的入門章，雖然我不能告訴你怎麼起修，但是你就先從理上去解，然後不斷地修福德。當你福德具足了以後，才能遇到明師給你點化，一點就成，很簡單。但是你能不能遇到明師，人家為什麼要點你，這是個問題。

　　比如張紫陽（註），求道一輩子，拋家捨業，到了八十歲都未遇明師。他之前碰到的那些師父都不究竟，教不了什麼真東西。但是他這一生積福積德，一心向道，矢志不渝。到了八十歲有一個特殊的機緣，張紫陽給一個官員做顧問，就跟著官員到了成都。他在成都才碰到了真正的明師，一個道人，只教了他三天。後來他修有所成，開創了道教的南派，成為歷史上有名的紫陽真人，留下了修道的秘訣《悟真篇》。《悟真篇》裡，修道就是從如何找到「玄牝之門」開始起修。

　　講這些是讓大家有所領悟，知道修道不是那麼簡單，要心存敬畏。如果你一心向道，那麼在未遇明師的時候要矢志不渝，堅韌不拔，積福積德把人做好。這些密法是絕不可能在書上直接說出來的，你也別按書上寫的去盲修瞎練。等到有一天，當你真正福德具足，心性和心態都過了關，就可能遇到有緣的明師來點化你。

＊註：北宋台州臨海人，知名道教學者，據說得到全真教北五祖之中的廣陽真人劉海蟾而得道，成為全真派南宗五祖之第一祖。

第八章

聖人後其身而身先
——《道德經》第七章

當分別一起，就必有滅亡的一日。

只有放下生和死的分別，才能天人合一。

在道的統領下，我們運用陰陽去圓滿自己，

在現實中達到長久的成功。

第一節　不自生者，故能長生

《道德經》第七章

【天長地久，天地之所以能長且久者，以其不自生也，故能長生。是以聖人後其身而身先，外其身而身存。不以其無私與？故能成其私。】

　　《道德經》第七章講述：在道的大概念引領之下的處世之道，陰陽如何相互轉化，這是一種智慧。但是如果從文字上去解讀這一段話，是很難透徹理解其涵義。

「天長地久」的定義及說法

　　【天長地久，天地之所以能長且久者，以其不自生也，故能長生。】「天長地久」其實是相對的概念。用人的角度來看天地，就叫做「天長地久」。如果從宇宙的角度來看天地，人們腳踏的大地就是地球。按照現在的科學理論來說，地球形成至今大約四十五億年，它在宇宙中還算是一顆鮮活的小星球，並不算長久。但對人來講，四十五億年就是太長太久了。所以這是相對性的長久，並不是恆常。

這句裡頭的「不自生」很難讓人理解，歷來對《道德經》的所有解讀都沒講明白這句。我的解讀也只是我自己的感悟，只是一家之言。而且，這裡還有幾個問題！當年老子抄錄這些由上古先聖留下的經典時，老子抄的對不對？是不是原來的用詞？這幾句話在老子的原文裡是不是排在一起的？這些後人都不得而知了。雖然馬王堆漢墓出土了西漢的帛書《老子》，但西漢畢竟比老子的時代晚了幾百年，所以，帛書《老子》的準確性也不好說。

其實《道德經》的這句話若從基本邏輯來思考，似乎講不太通順。因此只能充其量的認為其字詞都是對的，而猜測先聖留下的這句話就是在講宇宙的真理，並嘗試用現代的邏輯和語言來解讀。

這個「天長地久」指的是道還未成形之前。道一旦成形了，就沒有天長地久、恆常不滅了。老子在這裡寫的是成形以後的天地，天地即是宇宙，看似永恆存在。

因此「天地之所以能長且久者，以其不自生也」這句話的意思是，天地既不知道自己是怎麼來的，也不知道自己的存在是什麼形式，這就叫做「不自生」。人可不是「不自生」，

人知道自己是父母所生的，知道自己現在活著，而且知道自己一定會死，這就是知自生也知自死。

放下生死，才能與道同體

天地之所以長久，是因為它不知道自己這個宇宙是一種活著的狀態，所以才能長生。這句話從字面上是絕對理解不了的，但我們知道老子在《道德經》裡講的就是道，這樣就能理解它的意思。生和死就是始和終，生和死之間是有延續性的，有成住敗空的過程，有因有果，因為有生才有死。因果存在於二元世界（也就是有形的世界）。二元世界裡任何一個事物有了生，就必然會經過一個發展的過程，最後一定是死，這就是成住敗空。在二元世界裡，沒有任何一個事物能夠永恆存在，有始者必有終。永恆其實就是道的狀態，它無始才無終。

天地即宇宙，宇宙怎能做到長且久？就是「以其不自生也」。天地之所以能夠恆常存在，它一定是放下了對生和死的分別。要知道在所有的分別當中，善和惡、好和壞、對和錯這些分別都有可能放下，但是最難放下的分別就是生和死，沒有人能放得下。

如果在這一生中，你真的能夠放下生和死的分別，那你就是與道同體了，就是真的達到了天人合一。天的狀態就是道的狀態，混沌的狀態，無極的狀態，沒有任何分別。那就是你從二元世界跨越到一元，找到了那個「一」。你不是在理上找到了「一」，而是真正證到了那個「一」，那個時候你就是永恆的，因為你破掉了生和死的分別。

由此可知，若天和地想長久，就得做到「不自生也」。如果做不到這一點，它也長久不了，早晚要滅亡。人的壽命只有一百年左右，天地的壽命比人長久得多，也許是幾千億年、幾萬億年或者更長。但是不管是多長的時間，它也只是相對的一個數字。天地只要有了生的概念，認為它這個宇宙形成了，那麼它就一定有滅的一天。這就叫做「自生」，我自認為我活了，生命開始了，我就起了分別。分別一起，我就必有滅的那一天。

分別心會阻礙修行

你怎麼能夠長且久？你就要把生的概念、把開始的概念都放下。如果你沒生過，哪會有死？宇宙僅僅是一種存在，這

種存在就接近於道，無始無終。我們修真就要破除分別，破除執著和妄想，而其中最難破的就是生死。

分別有很多種類，其中最大的分別就是欲望，愛和恨。所有的人都是因愛而來的，大多數人都是帶著恨走的。父母男歡女愛才有了孩子，所有的孩子就是感應到這種強烈的愛才來到地球，所以佛法把這裡叫做「欲界」。佛法說的三界是欲界、色界、無色界。如果你現在想昇華、想離開欲界，那就得放下欲望。欲望就是愛，愛有很多種，它不僅僅是男女情愛。放不下欲望，你就會在愛的執著當中不斷地輪迴循環，永遠出不了欲界。

不管是佛法或道法都在說明一件事：天地要想長久，連生死都要放下。天地即宇宙，它最無情。因為哪怕有一點愛之心，它就不是天地了，立刻就化為生物了。

放下愛恨情仇，才能超然物外

修行就要放下世間的愛。所有的恨都是由愛生恨，放下愛就沒有恨了。當你不在乎的時候，既沒有愛也沒有恨。所有的仇都是由各種情而來，比如親情、愛情、友情。當情達

到不了，或者被背叛了，就產生了仇。人的愛恨情仇就是這樣循環著。

有人會說，如果放下了愛恨情仇，生活清淡得像水一樣，那活著還有什麼意思？所以自古以來，嚮往修行的人特別多，但是真正能修成的人卻是鳳毛麟角。絕大多數人都是修幾天就放棄了，回到了滾滾紅塵中，在愛恨情仇中不斷地周流。

如果你被強大的欲望牽引著，想要體會各種各樣的愛恨情仇，想要嘗試各種的感官刺激，那麼你的生命就是極其短暫的，不可能做到長且久。因為欲望就是無底洞，你不可能活到千年萬年就只跟那幾個人糾纏，那樣太痛苦了。所以你在六道當中不斷地輪迴和循環，沒有人安排你要這樣，是你自己要感受的，你的命運就掌握在自己的手裡。

你天天羨慕天長地久，卻又做不到像天地一樣。要是能做到像宇宙那樣，你的壽命就能跟它一樣長了。天是高遠而寧靜的，但是你天天在紅塵中翻滾，根本不想出來，這能做到高遠嗎？佛菩薩看凡人是入了火海、苦海，但凡人可不這麼認為，都覺得癡迷於七情六欲、愛恨情仇當中特別充實。紅塵中的凡人就是各種起心動念，妄想執著。每個人都在這裡面活得

特別充實，根本就做不到高，更做不到遠。

高是超越、從境界裡跳出來。遠，只有站得遠才能超然物外。寧是安下來、止息湧動的心。心一湧動就會有無盡的執著和妄想，只有寧了才能靜。如果你能像天一樣地高遠寧靜，那就不是凡人了。你這時的壽命是長還是短？人們都羨慕天長地久，卻無法像天地般地做到高遠寧靜。

要向天地萬物學習

《道德經》揭示了天和地的規律，講天和地做到了什麼。它告訴我們，人在天地之間是很渺小的，所以想把握陰陽、通天徹地，就要向天地去學習，也要向世間萬物去學習。所以聖人創八卦，而八卦當中首先是天和地，然後是風和雷、水和火、山和澤。天、地、風、雷、水、火、山、澤八大現象，就是一般人要去學習的榜樣。這些都是自然生成之物，由天地化生而來，不斷地變遷，永存大自然之間。

人也是天地化生而來的，但是生命極其短暫，煩惱痛苦不斷。因此要怎麼能夠成為宇宙間的一種存在，就像風、雷、水、火、山、澤一樣，與天地亙古常在？長生久視，壽可齊

天，這是每一個人最深層的嚮往。所以聖人在《道德經》裡明白指出，循天之道，應地之規，就叫做「通天徹地」。我們向天地學，不僅僅是學其理，在行動上還得做到。天地就是「居無為之事，行不言之教」，它就在那裡，若人要想跟它一樣長久，就得按它那樣來做。

所以回到這句「天長地久，天地之所以能長且久者，以其不自生也，故能長生」──真正地放下了分別，我們就能保持自己的高遠寧靜，淡泊以明志。所以一定要從生死的角度，去理解這個「不自生」。

天地對世間的萬物沒有任何分別，既不會喜歡誰，也不會討厭誰。天會照耀萬物，地也會包容和接納萬物。萬物當中，有循天之道、應地之規的，它自然就長久。有逆天行事的，那它自然就毀滅。其實也不是天地毀它，而是它自生自滅。符合天之道，我們就能長壽。所以《黃帝內經》告訴我們，修行要想得道，要想長生久視、壽與天齊，我們首先就得向天學習，要做得和天一樣。

第二節　後其身而身先，外其身而身存

【是以聖人後其身而身先，外其身而身存。不以其無私與？故能成其私。】很多人都覺得這句話很有哲理。在現實中什麼事都應該後發制人，往前衝的人容易成烈士，所以我要後來者居上。什麼事我都不捲入其中，只在外面觀察，遠離事態的中心，這樣就能保身保命。

但是這只是字面上的理解，如果你在現實中做什麼事都退一步，都讓別人領先，這樣就是對嗎？

身先、身存，方能成其私

「是以聖人後其身而身先，外其身而身存。不以其無私與？故能成其私。」世人普遍把這句話理解為最高最圓滿的處世哲學，叫做「後其身」、「外其身」、「無私」，理解成什麼事都往後退，都置身事外，都儘量做到無私。我不與人爭利，總是成人之美，這樣當我有德於天下眾生的時候，我就能成其大私。天下眾生都會對我感恩戴德，都會幫我，我就成了聖人，就成王了。

如果從人性上來分析，這個理解肯定是有問題的。

如果你把這句話當成人生的哲學至理，什麼事都退後，不跟人去爭，什麼都置身事外，這樣就能自保了？你一味地大公無私，就能成就世間的一番偉業，就能成為聖人了？你想想這符合人性嗎？人性可不是你對別人有德，他就會感恩戴德、心悅誠服，你就能以德服人。

這樣解讀完全不符合道，所以不能僅僅從字面上去解讀。這句話本身有漏洞，且太過單一思維。如果所有的事我都「後其身」，那我怎麼能夠做到「身先」呢？

因此要思考：聖人講這段話的重點在哪裡，他想要達到什麼目的。

「後其身」、「外其身」和「無私」都是過程，不是目的。聖人真正要達到的目標是什麼？第一個是「身先」，第二個是「身存」，第三個是「成其私」。先搞清楚目標，我們再來理解這句話。

你別以為《道德經》是講道德，高尚、偉大，退一步海闊天空。你如果不與人爭利，什麼事都容忍退讓，那不僅是成不了聖人，就連在世間你都是傻瓜，什麼事都做不成。為

了「身存」，你就什麼事都不置身其中？聖人講的可不是這個理。要是把「成其私」理解成愈無私就愈能成其大私，就能成聖，這也根本不符合人性。如果從字面去理解這句話，一定會誤讀！

其實這段話，講的是一般人在道的統領下，如何在現實中運用陰陽去圓滿自己的智慧。智慧是不可以從字面上去解讀的，要知道背後的涵義。

「身先」就是：我要運用這種智慧，最先達到成功。

「身存」就是我不僅要成功，還不能倒在成功的路上，絕不能事業成功身卻死了。我既要有那個命去拼搏成功，也得有那個命去享受成功，這就是聖人的智慧。

「成其私」的真正意涵

關於這句「成其私」，每個人做事都是為了自己。但，所謂的「私」也分成小私和大私。小私是眼前的利益，大私則是長久的利益，這裡講的是大私。這段話是一種處世哲學：在道的統領下，我們如何在現實中既能成功又能生存下去，進而達到長久的成功。

「後其身而身先」指的是在現實中看問題，一定要有整體性。沒有智慧的人，他的眼中就只看見成功，然後不擇手段地奔著成功而去，想比誰都領先，要第一個到達終點。但是這樣的人不知道路上有多少陷阱、荊棘、坎坷、深淵，往往是直接成了烈士。我們真正要想做成一件事，要達到一個目的，可不是低著頭往前衝才叫做「身先」，更不是比別人跑得快就能最先到達。你一味地衝在前面，不一定能成功。這就像飛蛾撲火，飛蛾什麼都不想，只是一味地奔著光明飛過去，以為成功了，結果第一個到達的就第一個燒死。

要先看清楚目標到底是不是自己想要的，再看這條路上是否有著諸多的未知，這就叫做「智慧」。做事要看到整體性、全面性，這才是智者。所謂的「後」，不一定就是慢。這裡講的是二元的智慧，就叫做「陰陽」，要把握這個陰陽。

對成功的領悟

前面講了天和地，那是生死。在生死之外，現在來講先和後的問題。我們做人做事，都有一個成功與否的問題。如果處處失敗，那做人還有什麼價值？所以成功是凡人最想要

得到的結果。

真正有智慧的人，他的大方向就是成功的。但是成功有先後，先後就是陰陽，這是策略。後面還有外和內，叫做「外其身而身存」，再後面有無私與私。這段話講了這種陰陽對應的關係，這是一種智慧。

一般人如果不修道的話，就會一味地認為直線就是捷徑，以為愈快就愈成功，參與得愈多就愈成功，見到利益就得往前衝，自己的利益就能最大化。但是當你看到了整體，把問題或者事情看透了再出發，反而可能最先到達，這就是「後其身而身先」。

這可不是一味地等到最後，當我看到了這個問題的整體，看清楚了前面是一條坦途，能直奔成功的終點，我可能是一馬當先，當仁不讓。當我看不清楚的時候，就讓別人衝在前面。等別人衝出了一條路，我看清楚了是怎麼回事，就能找到最佳的時間點出擊。我出擊的這個時間點，也許是最早，也許是中間，也許是最後，但是結果一定是我第一個抵達。這就是陰陽轉化的智慧，必須要領悟這段話。

身在其外而身存

「外其身而身存」。「外」就是做任何事情都不要執著於其中，執著其中就會迷在其中。不管做什麼事，我都得有高度，要超然於事外。只有這樣，我才不會迷在這件事當中。如果迷在其中，就不知道做的方向對不對，也許到最後連自己怎麼死的都不知道。所以我們學道，既要在現實中成功，也要長生久視，還能達到自己的利益最大化。

學道在現實中就得用。修道的人有時超然於世外，但那不是遠離世間，也不是什麼都不做。遠離世間、什麼都不做就是逃避，那可不一樣。不是所有住在終南山的都叫做「隱士」，多少農民在那裡耕種了一輩子也不是隱士，而是山民。所有的隱士都是自身隱在終南山，置身於世外，但是朝廷的大事小事都是他們在管，皇上有事都得去山裡去找那些高人隱士。

這就是身在其外而身存。政治鬥爭再激烈，我也不會捲入那個旋渦，因為捲進去了隨時會有殺身之禍。這就是一種智慧，我愈想參與政治和經濟，就愈得表現出來我置身事外，超然於世外。這樣我就不會成為矛盾和衝突的焦點，就能保證自

己活著，還能得到最大的利益。

這就是一般人在現實中要如何運用道，如何運用陰陽。內和外就是陰陽，先和後也是陰陽。先出發的人不一定先得到，後發制人、後來者居上都是智慧。但是人也不可以一味地後發，要掌握好那個原則。山中宰相就是既置身於世外桃源，同時又在政治權力的最中心打轉。他能掌握時局的變化，這就是高人。所以說高人都在世外，叫做「世外高人」，只有得道者才能做到這種境界。

范蠡也是歷史上認可的得道高人，他也不是什麼事都置身事外的。陪著越王勾踐臥薪嚐膽十年，他就是身先士卒，置身事內，當仁不讓。後來他掛三軍統帥，建了豐功偉績，功成則身退。像范蠡、張良、姜太公，這一類人都屬於得道的大智慧者，都是功成身退。其實，退了也不是什麼都不管，這是一種政治哲學，政治智慧。

學道是為了成就自己

所以學道，就是為了遊刃有餘於世間，用超越常人的智慧，在紅塵中不斷地取得成功，成就自己最大的利益。

　　如果你學道就想成聖，但卻連人都沒做好，連常人應該掌握的最普通的政治智慧、政治哲學都不懂，你怎麼可能成聖？難道你以為聖人都是蠢的？世上沒有任何一個聖人是蠢人，都是智慧最高的人才能去修行，最後修成聖賢。他們一旦要入世，世間的普通人都得居於其下。我們學了道法和佛法，可不是從此不理世間事，不是超然於物外成了出世間的人了。所有的修行都不離世間覺。「離世覓菩提，恰如求兔角」，那是不可能修成的。

　　掌握了大道的「內」和「外」，這就是陰陽轉化。我愈要深入紅塵，愈要深入政治，就愈表現出遠離。我愈想進入，就愈現出來我置身事外的樣子，這才是最高明的智慧。

第三節 以其無私，成其大私

【不以其無私與？故能成其私】。私就是自身的利益，私有大有小。小私是眼前的利益，就是俗稱的自私，大私則可稱為大願。其實，人人都有私，沒有私就不能稱為人了。菩薩同樣也有私。只有到了佛的境界，才不存在所謂的私，因為佛的境界是盡虛空遍法界，一切皆是我，人與宇宙合而為一，哪還存在著私？

小私與大私的區別

因為我們是普通人，不是佛，所以就分出了你、我、他，然後把世間之物也分成我的、他人的。

人是非常侷限的，就是因為侷限，才有了所謂的小的自私，只看眼前的利益。大的私，這裡又稱為大願，「拔眾生之苦、滿眾生之願」就是大願，這其實也是私，但是這個私的範圍很大。

就是為自己得利益的私，有智慧的人和沒智慧的人也是有區別的。沒智慧的是凡人，他就看能不能得到眼前的利益，

得到了就高興，得不到就傷心欲絕，覺得自己失敗了或是損失了，這就是小私。有智慧的修道之人也是私，但是他要的不是眼前的利益，他要的是大私，是長遠的、甚至是可傳承的長久的利益。

要成就這種大私，就必須放下眼前的小利。打個比方，你的兩隻手裡都握著芝麻，這些芝麻就是你眼前能得到的小利。但是當你看到了一個大西瓜，其他人也看到了，那個就是更大的利益。要得到那個更大的利益，你就得放下手裡的芝麻，甚至要把芝麻分給周圍的人，讓他們全都盯著芝麻去搶，你才能把手空出來去拿到西瓜。放下眼前的利益，這就叫做「無私」。但是我一定是看到了更大或者更長遠的利益，才會放下眼前的利益。我不在當下跟世人爭利，因為我要的是更大的利，這才是以「無私」而「成其私」。

身先者未必能成功

在解讀經典的時候，千萬不要以為聖人不是人而是神仙，不要以為他不看重世間的利益，胸襟廣大，只想為世人服務，度化眾生。當人喊出為世人服務的時候，一定是他能

得到最大的利益的時候，這麼喊其實都是為了自己。佛修成佛是為了自己，菩薩救苦救難其實也不是為了別人，那都叫做「大私」，也可以稱為「大願」。任何的佛菩薩和聖賢都要積功累德，如果天天跟世人去爭小利，他們哪還能積功累德，那就是個凡人了。

凡人的狀態是看見好處就去搶，這就是「身先」。身先者可不一定能成功，搞不好他就變成烈士了。凡人碰到利益就沖進去，這就是迷入其中，入局了。但是入局者不一定能得到利益，有時連他的性命都不掌握在自己手裡，都不知道自己是怎麼死的。歷史上有太多這樣的例子了，那些都是沒有智慧的凡人。愈是在現實中自私的人，愈是精於算計、特別計較的人，他就愈得不到大的利益，只能爭得一些小利。只有勇於捨得、能放下眼前利益的人，才能得到大利。他一定是看得高遠，要的是更大的私，這就是以「無私」而「成其私」。

前面講過，最大的修行就是放下生死。經典指引出一個目標，要解脫生死，就要放下生死的分別。其實沒有人能放下生死，但是我們得先知道這個理，然後在現實中一點點去練——要去學習天的高遠寧靜，做任何事情都要以靜制動，

畢竟我先靜下來，才能看得清全貌。只有站得高，我才能看到全盤布局。這就叫做「高遠」。高遠寧靜，才能觀察事物在動的過程有什麼機會，觀察它的發展方向，觀察目標。這樣才能在最有利的時機出手，這就叫做「後發制人，後動而先至」。只要掌握這個智慧，就不會像那些盲目的人一樣去做飛蛾撲火的事。

我們要悟這個道，悟這個陰陽轉換的定律。生和死、先和後、存和亡、內和外、自私與無私，這些都是一對一對的，其實都沒有定論。如果從字面上去理解，以為後發就一定能先至，那就錯了。在某些前提條件下，後發能先至，但這可不是絕對的，不可以做任何事都後發。但必須記住一點，等看清了再動。慢一點，靜下來，眼光高遠，這樣才能找到最佳行動的時機。

置身事外的智慧

置身事外也是智慧，但可不是我置身事外就一定能長存，或者我一定要置身事外。我遠離政治中心，又想進入政治中心，但是我應該怎麼遠離，遠離到什麼程度，怎麼做到

若即若離？這裡面就有很多的智慧，我們修道就是要學這些。

首先得有一個宗旨，對於任何事，我都不能糾纏於其中，做事的時候一定要想著超然於事外。我得掌握好一定的分寸和距離，這樣就既能保證我的影響力，又能控制事物的發展，我還能超然於事外。怎麼把握這個原則就是道，這是智慧。所以這段話不能僅僅從字面上去看，一味地遠離可不是智慧。

道一旦形成了陰陽二元世界，所有的事物全都是陰陽的轉化。所以應該怎麼去運用它？經典沒有教具體的方法，因為大道本來就是無常，法無定法。這裡講的是恆常之理，所以叫做「天道」。然後當人在具體做事的時候，一定要應地的變化之規。地是千變萬化的，既不能說先走就是對，也不能說後發才是對。兵無常勢，水無常形，我們做事就應該順勢而為。

只要先建立了道的智慧體系，再根據世道人心的變化去不斷地調整，隨機應變，可前、可後、可內、可外。有的時候我就是一馬當先、當仁不讓，有的時候我就是置身於政治漩渦的中心。但是我即使置身在政治漩渦的中心，也要知道長久不變之理，身在其中，心也得超然於物外，這就是變與不變。

人該如何把握道，也就是天地之間變與不變的關係，這就叫做「仁」。仁就是最高的智慧。

《道德經》講道，一以貫之

上一章講過，修真若想修成「穀神不死，是謂玄牝」的最原始狀態，就必須找到「玄牝之門」。這是天地根，天地一切都從這兒生出。找到了天地根，接下來才能「綿綿呵其若存，用之不勤」地修身。因此，我們不僅要擁有智慧，也要開發大腦潛能，還要變化身體。《道德經》第七章闡述如何遵循道的規律來處世。如果只擁有這種智慧，處世雖能長久成功，卻無法開發大腦潛能，也不能變化身體。所以還得具備那套修身的方法和手段，還得真正地去練、時時刻刻地去修。《道德經》裡面有論道、修身和治國的內容，這些都是一體的。老子已清清楚楚地講了修身的方法和手段，能否領悟就看你自己了。

道本來就是不可道，既然道出來了，落到了文字上必有缺失，必是片面的。在解讀《道德經》的時候，得用「一」的思想去解讀，用「中」的思想去解讀。如果用邏輯的思維模式

從字面去解讀，那就不是道了。

《道德經》裡的任何一句話，一定是不離整體。每一章都有個性化的內容，用不同的角度講世間與出世間，但是說的一定全都是道，這就叫做「一以貫之」。在解讀任何經典的時候，這就是宗旨。當然，這些是我的一家之言，是我從道法的整體感受當中，領悟出來的《道德經》字面背後的涵義。

類似於這種陰陽轉化的思維的模式，在《道德經》裡面有很多。之所以這樣解讀這段話，其實也是根據後面的章節的提示來解讀的。比如《道德經》的第二十二章裡面，就有一句話是「夫唯不爭，故莫能與之爭」。這是很高的智慧，爭與不爭其實就是陰陽。看似我不爭，可不是我不想要，我得找到最佳的時機點出動。這句話就跟第七章是一樣的。

《道德經》第三十四章有一句 「以其不為大也，故能成大」。不是誰第一個來做老大，他就能做成這個老大。一上來就爭著做老大的人，往往就是找死。我想做老大，但是我必須把前面的鋪墊都做好。先把該剷除的都剷除了，把矛盾和衝突基本上都化解了，然後我在最佳的時機坐上老大的位置，這樣才能長久的做老大，這就是智慧。

把握陰陽的智慧

《道德經》第三十九章有句「故貴必以賤為本，高必以下為基」，說的都是一回事。《道德經》第六十六章：「是以聖人之欲上民也，必以其言下之；其欲先民也，必以其身後之」，這也是強調把握陰陽的智慧。

「欲上民也，必以其言下之」。我要站在最高處統治你，但是我的語言所表現出來的狀態，就是我最低微、最謙卑。我尊重社會最底層的那些人，這樣我才能得到他們的擁護。「其欲先民也，必以其身後之」。我要領導萬眾的時候，就不會跟眾生去爭利。我會把所有眼前的利益都給到百姓，讓他們因我而受益，然後他們就願意聽我的話，我就能引領萬民。誰能夠給百姓小利，百姓就擁護誰，而擁護這種力量就能夠成其大事，這就是捨其小私而成就大願。

在《道德經》裡有很多這種觀點，我們學道就要掌握這種思維模式，並且要昇華自我，不僅要在身體上用密法修煉，同時要在思維模式和觀念上改變，要去放大我們的格局。儒家經典已明白闡述了，先格其物，再致良知。學這些大道之理，

其實就是格物的過程，我就能看透萬事萬物發展的規律以及本質。透過格物看到了萬事萬物的本質，知道了規律，我就會有一整套的觀念和知見，從而形成了一整套的思維模式。在正確的符合宇宙真相和發展規律的思維模式的引領下，我就能有一整套的正確的行為模式。這樣我就能經常做出正確的判斷和決策，做事就容易成功。

　　修身、齊家、治國、平天下，這些都是建立在智慧的基礎上。佛道儒都講智慧，我們都是為了智慧而來。你的格局愈大，心量愈大，智慧就會愈廣、愈深、愈透。當你的智慧超越常人的時候，你的判斷和決策也必然超越常人。別人看到的都是事物的表面，你看到的就比他深了幾層。這就像下棋一樣，普通人下棋只能看到一兩步，而你有智慧就能看到十步，這樣你就能預測誰輸誰贏。所以一般人在學習經典的意義，就是要獲得智慧。

筆記 notes

筆記 notes

筆記 notes

筆記 notes

范明公解密道德經 ❶

明公啟示錄 ───從帛書《老子》談人生修行法則

作者／范明公
主編／一妄
出版贊助／徐麗珍
文字編輯／張華承
執行編輯／李寶怡
封面及版型設計／廖又頤
美術編輯／廖又頤
企畫選書人／賈俊國

總編輯／賈俊國
副總編輯／蘇士尹
編輯／高懿萩
行銷企畫／張莉滎、蕭羽猜、黃欣

發　行　人／何飛鵬
法 律 顧 問／元禾法律事務所王子文律師
出　　　版／布克文化出版事業部
　　　　　　台北市中山區民生東路二段 141 號 8 樓
　　　　　　電話：(02)2500-7008　傳真：(02)2502-7676
　　　　　　Email：sbooker.service@cite.com.tw
發　　　行／英屬蓋曼群島商家庭傳媒股份有限公司城邦分公司
　　　　　　台北市中山區民生東路二段 141 號 2 樓
　　　　　　書虫客服服務專線：(02)2500-7718；2500-7719
　　　　　　24 小時傳真專線：(02)2500-1990；2500-1991
　　　　　　劃撥帳號：19863813；戶名：書虫股份有限公司
　　　　　　讀者服務信箱：service@readingclub.com.tw
香港發行所／　城邦(香港)出版集團有限公司
　　　　　　香港灣仔駱克道 193 號東超商業中心 1 樓
　　　　　　電話：+852-2508-6231　　傳真：+852-2578-9337
　　　　　　Email：hkcite@biznetvigator.com
馬新發行所／　城邦(馬新)出版集團 Cité (M) Sdn. Bhd.
　　　　　　41, Jalan Radin Anum, Bandar Baru Sri Petaling,
　　　　　　57000 Kuala Lumpur, Malaysia
　　　　　　電話：+603- 9057-8822　　傳真：+603- 9057-6622
　　　　　　Email: cite@cite.com.my
印　　　刷／韋懋實業有限公司
初　　　版／2021 年 11 月
定　　　價／新台幣 300 元
ISBN ／ 978-986-0796-20-9
EISBN ／ 978-986-0796-21-6(EPUB)

城邦讀書花園　布克文化
www.cite.com.tw　WWW.SBOOKER.COM.TW